Caroline Deiß

DEIN MYSTISCHES JAHR

Caroline Deiß

DEIN MYSTISCHES JAHR

Mit Magie, Ritualen
und Bräuchen
dem Rhythmus des
Jahreskreises folgen

mvgverlag

Bibliografische Information der Deutschen Nationalbibliothek
Die Deutsche Nationalbibliothek verzeichnet diese Publikation in der Deutschen Nationalbibliografie. Detaillierte bibliografische Daten sind im Internet über http://dnb.de abrufbar.

Für Fragen und Anregungen
info@mvg-verlag.de

Originalausgabe
1. Auflage 2023

Türkenstraße 89
80799 München
Tel.: 089 651285-0
Fax: 089 652096

Redaktion: Simone Fischer
Umschlaggestaltung: Manuela Amode
Umschlagabbildung: Shutterstock.com/Tom Tom, artuco
Layout: Sania Haschemi, PAGETURNER PRODUCTION GmbH
Satz: inpunkt[w]o, Haiger (www.inpunktwo.de)
Druck: Florjancic Tisk d.o.o., Slowenien
Printed in the EU

ISBN Print 978-3-7474-0451-5
ISBN E-Book (PDF) 978-3-96121-843-1
ISBN E-Book (EPUB, Mobi) 978-3-96121-842-4

INHALT

VORWORT

Mystik? Magie? Du spürst sie, wenn du durch einen Wald streifst. Ihre Gegenwart liegt in dem Duft des kühlen, modrigen Mooses, in den geheimnisvollen Rufen der Kauze oder dem sanften, federnden Boden unter deinen Füßen. Magische Momente, geheimnisumwoben und berauschend zugleich. Du wirst das Gefühl nicht los, dass dich unsichtbare Augen beobachten. Füchse, Rehe oder doch Naturwesen? Zwerge, Kobolde, Elfen, Feen? Du kannst sie nur erahnen, du spürst sie, aber du kannst sie nicht sehen. Du hörst das Raunen der Bäume, wenn sie dir Botschaften übermitteln, dich inspirieren und deine Neugierde wecken möchten. Geheimnisvoll, mystisch, rätselhaft. Solche Stimmungen bewegten unsere Ahnen zur Aktivierung ihrer übersinnlichen Potenziale, die ihnen die Türen öffneten, um klare Botschaften, Entscheidungen und Wegweisungen aus ihrer Seele zu empfangen. Sie sprachen mit Steinen, Blumen, Kräutern, Bäumen – sahen in den Naturgewalten Wesen, die sie als Götter verehrten und huldigten. So erklärten sie sich die Welt, verstanden sie und lebten mit ihr in Harmonie und Ausgeglichenheit. Bis zum Zeitalter der Aufklärung war es für die bis heute hochgeschätzten Naturwissenschaftler wie Aristoteles, Pythagoras, Thales und viele andere mehr nur selbstverständlich, das Göttliche, Übersinnliche, Unerklärliche, Unsichtbare, Mystische in ihren Entdeckungen zu integrieren. Die Erforschung der Natur und die mystische Welterfahrung ergänzten sich. In den Gesetzen von den Planetenbahnen erkannten die Wissenschaftler die Harmonie der von Gott geschaffenen Welt und die Botaniker priesen den Schöpfer für die Wunder des Pflanzenreichs. Doch im Laufe der Jahrhunderte traten allmählich nur noch die messbaren Aspekte der Natur in den Vordergrund, bis das Unsichtbare, die mystische Welterfahrung ganz in Vergessenheit geriet. Was die Wissenschaften seitdem entdeckten, ist zwar wahr, aber es ist eben nur die eine Hälfte der Wirklichkeit. Alle nicht fassbaren, geistigen Dimensionen werden seitdem größtenteils außer Acht gelassen.

Doch Mystik und Magie umgeben uns zu jeder Zeit. Mit unseren fünf Sinnen entdecken wir nicht nur die sichtbare Welt, sondern erkennen damit auch die Tore zu den geistigen, unsichtbaren Reichen. Die Ausprägung der Sinnesorgane ist dabei von Mensch zu Mensch sehr unterschiedlich. Jeder von uns verfügt über einzigartige, nur auf ihn zugeschnittene Wahrnehmungen und lebt daher auch in seiner eigenen Wirklichkeit, die einmalig auf der Welt ist. Sei dir gewiss: Manche Dinge, die du belachst, sehen deine Augen nur nicht. Du bist der Schöpfer deiner eigenen Welt, bestimmst die Wirklichkeit deines Lebens, des Himmels und der Sterne. Deine Würde liegt verborgen in der Art und Weise, wie du deine Welt für dich kreierst. Mit dieser Freiheit und Verantwortung bist du geboren worden. Nutze sie und gestalte deine Lebenszeit zu einer spannenden, atemberaubenden Reise durch die fantastischen Wirklichkeiten der Erde.

Mit deiner individuellen, subjektiven Erfahrung der Welt schaffst du die Rituale deines Alltags selbst. Seit Jahrtausenden sind sie die Schlüssel zur Offenbarung der Seele, um die Schwelle unbekannter, unsichtbarer Dimensionen zu überschreiten. Die in diesem Buch vorgeschlagenen Bräuche, Traditionen, Überlieferungen und Kulte sind Möglichkeiten, um die magischen Momente eines Jahres mit allen Sinnen zu erleben. Du darfst sie nach deinen eigenen Wünschen und Vorstellungen verändern, austauschen oder auch nur zur Inspiration für neue Ideen nutzen. Gestalte dein Jahr, wie du es willst, wie du es dir vorstellst.

Für jeden Monat des Jahres findest du hier zwölf Möglichkeiten, die dich die mystisch-magischen Augenblicke erspüren lassen. Zunächst wird das Geheimnis eines jeden Monatsnamens gelüftet und du wirst in die Zahlenmystik eingeführt, deren kosmischen und geistigen Zusammenhänge du kennenlernst. Anschließend begegnen dir die Gottheiten des Monats, die das Leben in früheren Zeiten bestimmten. Diese führen vom Ursprung der Zeiten zum Jetzt, wo die alten Götter noch immer erfahrbar sind und für die Menschenwelt wirken. Fragen, wie die Aura von Metallen den Geist und das Schicksal der Menschen prägen, finden ebenfalls ihren Niederschlag. Bekanntlich enthalten die Kräuter die ganze Kraft der Welt, daher entdeckst du für jeden Monat die Pflanzenmagie eines Zauberkrauts mit ihren geheimen Fähigkeiten. Ähnlich wirken die Bäume, die jedem Wanderer Botschaften aus der anderen Welt zuraunen, wenn er nach ihnen verlangt. Wer durch dieses lebendige Buch streift, lernt Krafttiere und Planeten kennen und schätzen, denn sie sind mit jedem in einem kosmischen Bewusstseinsnetzwerk verwoben und entfalten magische Urkräfte. Es werden Zauberorte vorgestellt, die Kraft, Inspiration und Heilung schenken und den Zugang zur eigenen Seele erleichtern, und dir begegnen magische Wesen, die dich auf deinem Weg begleiten. Außerdem tauchst du in die mystische Welt der Räucherstoffe ein, der Nahrung des Geistes und Brücke zum Übersinnlichen, und lernst Zauberinstrumente kennen, die im jeweiligen Monat von besonderer Bedeutung sind. Abschließend eröffnen sich dir die Legenden und Bräuche eines jeden Monats, sodass du noch tiefer in dessen Magie eintauchen kannst. So gelingt es dir, mithilfe dieses Buches dein mystisches Jahr ganz nach deinen Bedürfnissen, Wünschen und Plänen zu gestalten.

Caroline Deiß

DAS JAHR BEGINNT IM WINTER

Die Welt scheint endlich zur Ruhe zu kommen, eine dicke Schneedecke dämpft alle Geräusche und der klare Sonnenschein taucht die Landschaft in ein glitzerndes Licht – es ist Winter. Es heißt, die Pforten zur Anderswelt – dem Reich der Geister, Ahnen und aller Geheimnisse der Schöpfung – stünden in dieser magischen Zeit weit offen. Du spürst es, wenn du durch einen verschneiten Wald läufst, den Schnee unter deinen Füßen hörst, einen Schneemann baust und die frische, klirrend kalte Luft einatmest. Es ist eine Jahreszeit, in der du elementare Naturkräfte hautnah erleben kannst und dich mit allen Sinnen öffnen lernst, in der du auch verborgenen, kosmischen Kräften nachspüren oder einfach mal entschleunigen und Kraft tanken kannst. In diesen Momenten durchströmt dich ein Glücksgefühl voller Zauber und Magie, die Sehnsucht nach Stille, Ruhe und einem nach Harz duftenden Feuer im Kamin durchweht jede Zelle deines Körpers. In der warmen Stube entzündest du eine Kerze in den winterlichen Farben Rot (Lebensenergie), Weiß (Samen des Neubeginns) oder Grün (Symbol deines ewigen Lebens), trinkst einen heißen Tee, lässt dir in einer Glasschüssel ein Fußbad mit getrockneten Lavendelblüten, Rosenknospen und ein paar Tropfen Rosmarinöl ein und kuschelst dich anschließend unter eine weiche Decke auf dem Sofa.

Januar

MONAT DES JANUS, DER IN VERGANGENHEIT UND ZUKUNFT BLICKT

„*Anfang und Ende vom Januar zeigen das Wetter fürs ganze Jahr.*“

Das Geheimnis des Monatsnamens und der Zahlenmystik im Januar

Der Januar, auch Jänner genannt, ist der erste Monat des Jahres und der zweite Wintermonat, da der Winter im Dezember beginnt. Einige veraltete Namensformen für diesen Monat lauten Hartung, Hartmonat, Schneemonat, Eismond, Wintermonat oder Wolfsmonat. Benannt ist der Januar nach dem römischen Gott Janus, der mit zwei Gesichtern dargestellt wird, mit denen er gleichzeitig ins neue und alte Jahr blickt. Er gilt als Gott des Anfangs und des Endes, der Ein- und Ausgänge, der Türen und der Tore in neue Welten, der neuen Bewusstseinsebenen und dem neuen Jahr.

Ihm ist die magische Zahl Eins gewidmet, die Zahl Gottes, die ein Symbol für einen neuen Anfang, Erneuerung und Wiedergeburt ist. Die Ziffer Eins steht für Pioniersinn, Mut, Eigeninitiative, Unabhängigkeit und Individualität. In den Augen griechischer Philosophen symbolisiert die Zahl Eins die Einheit an sich, den allen Dingen innewohnenden göttlichen Geist.

Gottheit des Januars: Holle - spirituelle Begleiterin für die Anderswelt-Reise

Holle – Seherin, Priesterin, Heilerin und Schamanin des alt- und jungsteinzeitlichen Europas – nimmt dich mit auf eine atemberaubende, bezaubernde und magische Reise in die übersinnlichen Welten, in die andersweltlichen Dimensionen. So erhältst du eine Vorschau in das Paradies der Jenseitigen. Besuche die Orte, an denen du ihren Geist am besten spüren kannst. Dies sind die nahe liegenden Wälder deiner Wohngegend. Nimm dort das Rauschen des Windes im Winter wahr, lausche den Gesängen der Bäume und suche dir moosbewachsene Baumwurzeln, wo du das Harz der Fichten und deren Nadeln in einer Eisenpfanne verräucherst. Schließe die Augen, atme tief ein und genieße den ursprünglichen Duft der Natur. So wird Holle dir gegenwärtig sein und deine Fragen an das Leben beantworten.

Nach alter Tradition erlebst du ihren Geist am stärksten in den zwölf Rauhnächten zwischen den Jahren vom Heiligen Abend bis zum 6. Januar. Dann zieht sie mit ihrem Gefolge aus verstorbenen Kinderseelen, Elben, Zwergen, Gnomen und Zauberern durch die langen, schwarzen Nächte, um die Menschen aus ihrer Wintermüdigkeit zu wecken und deren Sinne für die Anderswelt zu öffnen. Lege Nüsse, Äpfel und etwas Getreide wie Hirse, Weizen und oder Gerste auf die Fensterbank, so wirst du erfüllt von ihrer unendlichen Güte und ihren geheimnisvollen Zauberkräften.

Die Göttin Holle erscheint als Geistführerin und wurde später im Volksglauben die himmlische, huldreiche Frau, die die geistige Macht in der Natur repräsentiert und manchmal den Menschen erscheint. Man nennt sie Frau Gode, Frau Berchta, Frau Holda, Frau Huld oder Frau Holle. Hierzulande gilt sie als Nachfahrin und Erbin der alten germanischen Göttinnen Frigga, Freya, Iduna und Hel – die ihr Werk bis heute fortsetzt bei jenen Menschen, die ihren Geist bei Wanderungen durch mystische Wälder, neblige Moore oder bei Spaziergängen über geheimnisvolle Wiesen in der Morgendämmerung spüren.

Zaubermetall für den Januar: Blei – Metall der Weissagung

Blei motiviert zu einer Entdeckungsreise in die geheimnisvollen Tiefen nicht nur des Kosmos, sondern auch des eigenen Lebens. Ein alter Orakelbrauch am Neujahrstag ist das Bleigießen, bei dem flüssiges Blei in kaltem Wasser zum Erstarren gebracht wird und anhand der zufällig entstehenden Formen Weissagungen über die Zukunft getroffen werden können. Dazu werden Bleistücke in einem Löffel über einer Kerze oder einem anderen kleinen Feuer erhitzt, bis sie gerade eben geschmolzen sind. Das geschmolzene Metall wird anschließend in eine Keramikschüssel mit kaltem Wasser gegossen, wo es sofort zu bizarren Formen erstarrt. Die Gestaltungen der entstandenen Bleistücke werden zum Wahrsagen verwendet. Es ist, als würde man einen Sack mit Gewichten vor dem Übergang ins neue Jahr abstellen und zurücklassen und dann mit Leichtigkeit hinübergehen ins neue Jahr. Der Brauch, dass man an Silvester symbolisch Abschied nimmt, indem man Blei ins Wasser gießt, entspricht dem Ritual, dass man dann mit guten Vorsätzen ins neue Jahr startet. Wer so vorgeht, beginnt tatsächlich ein Jahr, das nicht mit Lasten aus der Vergangenheit behaftet ist. Man kann neu beginnen, ist ein freier Mensch.

Dem Blei werden außerdem fördernde Eigenschaften bei Konzentration, Beharrlichkeit, aber auch Geduld zugeordnet. Anthroposophische Ärzte setzen potenziertes Blei mit guten Erfolgen etwa zur Schmerzlinderung im menschlichen Organismus ein, wo es positiv auf Milz, Knochen, Bänder, Zähne, Haut, Strukturbildung und alle Alterungsprozesse sowie den Gehörsinn wirkt.

Pflanzenmagie des Januars: Brunnenkresse, Schaumkresse, Bachbunge – Zauberpflanzen unter Schnee und Eis

Ob Brunnenkresse, Schaumkresse oder Bachbunge – alle drei wurzeln an heiligen Orten wie Quellen, Bächen und Brunnen, die seit Jahrtausenden als Ursprung allen Lebens verehrt werden. Selbst im eisigsten Winter, wenn hohe Schneemassen das Land in ein mystisches Paradies verwandeln und die Gewässer zugefroren sind, arbeiten die drei geheimnisvollen Zauberpflanzen an der Eisdecke kaum hörbar daran, diese zu durchbrechen und sich den rufenden Sonnenstrahlen entgegenzustrecken. Es ist die Zeit ihrer stärksten Kraft und Energie, die Zeit, in der sie dir, auf einem Butterbrot oder in einem Salat verzehrt, die Adern putzen, dein Blut reinigen und mit ihren Senfölen heilend bei der Überwindung einer Erkältung helfen. Als Symbol für Reinigung, Ausdauer und Beständigkeit werden sie mit den Charaktereigenschaften der inneren Stärke, Beharrlichkeit und Hartnäckigkeit assoziiert. Seit der Antike bestätigt sich ihr Ruf, zu den gesündesten Nahrungsmitteln zu zählen und den Wächter und Hüter unserer Gesundheit – das Immunsystem – zu stärken. Sie sind scharf-würzig, vitaminreich und verführen unseren Gaumen in neue geheimnisvolle Geschmacksreiche. Saftig grüne Zauberwesen voller vitaler Lebensenergie in einer scheinbar vegetationslosen, klirrend-kalten Winterwelt.

Baum des Januars: Wacholder – Schutz vor dunklen Mächten

In der urwüchsigen Natur findest du oft uralte, knochige Wacholdergestalten, die besonders an Nebeltagen einen geradezu mystischen Anblick bieten. Streife frühmorgens in der Dämmerung den

Traumpfaden entlang zu diesen geheimnisvollen Gesellen aus längst vergangenen Zeiten. Wie durch einen Zauberspruch gebannt, scheinen sie darauf zu warten, mit einem Losungswort erlöst zu werden. Welcher Baum zieht dich magisch an? Tritt auf diesen zu, berühre ihn, aber Vorsicht vor seinen unendlich vielen Stacheln. Lasse deine Augen über seine feinen Äste mit den vielen blauen, grünen und blaugrünen Beeren wandern. Atme seinen Wohlgeruch ein, der dich in wenigen Momenten verzaubert und in eine leichte Trance versetzt, die deine Sinne durchdringt. Und dann auf einmal treten aus den säulenartigen Figuren menschliche Gestalten heraus. So nimmt der Baumgeist mit dir Kontakt auf und wird dir dein Schicksal vor Augen halten.

Als Vitalbaum wurde dem Wacholder früher Schutzkraft vor den dunklen Mächten zugesagt, deshalb wurden in manchen Gegenden und zu bestimmten Zeiten Wacholderäste über die Tür gehängt, um Unglück und Verderb abzuwehren. Den Germanen war der Wacholder heilig. In den Sagen werden die Wacholderbäume von verschiedenen Naturwesen bewohnt und er gilt als eine Art Tor in die Anderswelt. Feen, Zwerge und Riesen sollen nach alten Sagen dort ein- und ausgehen. Von unseren Vorfahren ist bekannt, dass an Weihnachtstagen früher Wacholderzweige über die Stalltüren gehängt wurden, um Hexen fernzuhalten. Heute helfen seine Äste, über der Haustür befestigt oder auf der Fensterbank fixiert, wunderbar beim Vertreiben dämonischer Gedanken und übelmeinender Energien.

Wacholderbeeren enthalten ätherisches Öl, das beim Räuchern einen angenehmen, balsamischen Duft verströmt und die Raumluft desinfiziert. Seine reifen, vitaminreichen Beeren schützen vor Infektionen und werden daher gerne als Tee, Gewürz für Sauerkraut sowie Fleisch- und Fischgerichte eingesetzt.

Krafttier des Januars: Eule – Vogel der Weisheit

In den dunklen Winternächten des Januars hörst du den Ruf der Eule besonders klar. Sie blickt der Wahrheit des Lebens unaufhörlich ins Auge und fordert dich auf, es ihr gleichzutun. In den finsteren Momenten deines Lebens spendet sie dir Trost und schickt dir Impulse für neue Lichtblicke, die so naheliegen, aber durch deinen dunklen Schleier nicht erkannt werden. Als Botschafterin der unsichtbaren Welt knüpft die Eule Kontakt mit deinen Ahnen und überbringt dir von ihnen weise Ratschläge für dein Lebensglück. Findest du eine Eulenfeder bei deinen Streifzügen durch die Natur, bedenke: Es ist das Geschenk einer faszinierenden Tierseele, die dich in jedem Augenblick deines Lebens schützt.

Planet des Januars: Saturn – der Schicksalsplanet

Der Wanderstern Saturn gilt seit Jahrtausenden als »Hüter der Schwelle«. Er herrscht über die Zeit, zeigt dir die Begrenzungen des irdischen Lebens auf und entwickelt deine geistige Reife für die Überschreitung der Grenze zur spirituellen Welt. Dort berührt er deine Seele, inspiriert und öffnet sie, damit du wieder deine himmlische Natur entdecken und verwirklichen lernst.

Er hilft dir, deine negativen Erlebnisse und auch Krankheiten anzuschauen, Kräfte daraus zu entwickeln und so ein Meister deines Schicksals zu werden. Er lehrt, dass sehr viel Unbehagen auch durch übermäßiges Verharren in der Vergangenheit angerichtet wird, was dich in eine abwärts gerichtete Gedankenspirale bringt.

Saturn führt dich zu den atemberaubenden Galaxien und göttlichen Sphären, dem Wohnort deiner geistigen Helfer in jedem Moment deines Lebens. Sein symbolisches Metall ist das Blei. Trage immer ein kleines Stück davon in einer Tasche bei dir als zauberkräftigen Glücksbringer und sinnbildliche Arznei für ein langes Leben, gesundes Herz, starke Nerven sowie kräftige Knochen.

Berufliche Ziele und Bestrebungen fördert Saturn ebenso wie die eigene Integrität und Wahrhaftigkeit. Saturn lehrt, dass die wahren Geschenke des Lebens oft darin verborgen liegen, was du für dein Unglück hältst und dass Vorstellungen vom Glück oft ein Irrtum sind. Häufig verspürst du Widerstände und Unannehmlichkeiten auf deinem Lebensweg, die dich zweifeln lassen und an die Grenzen deiner Fähigkeiten bringen. Erst nach der Überwindung all dieser Hürden erkennst du, dass sie Hilfen waren, um zu deinem wahren Glück vorzustoßen.

Nutze magische Saturnpflanzen in deinem Alltag, sie inspirieren dich zu neuen Lebenswegen und mystischen Momenten: Giersch, Aloe, Küchenzwiebel, Klette, Rote Bete, Mangold, Hirtentäschel, Kümmel, Kornblume, Flockenblume, Weißdorn, Quitte, Weidenröschen, Ackerschachtelhalm, Buche, Erdrauch, Efeu, Habichtskraut, Gerste, Lein, Mispel, Klatschmohn, Kiefer, Schlehe, Vogelmiere, Beinwell, Eibe, Ulme, Königskerze, Stiefmütterchen und Mais.

Zauberorte des Januars: Berge – Giganten aus einer verwunschenen Zeit

Ob die schneebedeckten Berge der Alpen, die unglaubliche Farbpalette der herbstlichen Mittelgebirge oder die sagenumwobene Hänge des Riesengebirges – Berge ziehen die Menschheit mit ihrer unbeschreiblichen Aura seit Jahrtausenden in ihren Bann. Schon die Gegenwart der Giganten fasziniert, richtig spannend aber werden diese Kolosse, wenn man sie mit Händen greifen kann. Erklimme den Gipfel eines Berges, ziehe deine Schuhe aus, lege dich mit dem Rücken auf den steinigen Boden, gleite mit den nackten Füßen der überwältigenden Oberfläche entlang, greife mit den Händen nach seiner steinigen Haut. Schließe die Augen und warte, was geschieht. Spürst du die überwältigende Energie durch deinen Körper strömen? Wie Balsam für die Seele. Eine magische Stärke überwältigt dich, ein unendliches Freiheitsgefühl breitet sich durch jede Zelle deines Körpers aus und grenzenlose Glücksmomente, ja Ekstase, fesseln dich. Lausche dem Atem des Bergriesen, höre sein Raunen und lasse dich verzaubern.

Die magischen Wesen des Januars: Wichtel - helfende Erdgeister

Wichtel leben in Gesellschaft mit Männern und Frauen, tief in der Erde, in Hügeln oder Felshöhlen in der Nähe deiner Wohnstätte. Tagsüber schlafen die fleißigen Helfer und kommen erst aus ihrer Wichteltüre, wenn alle Hausbewohner tief und fest schlafen. Wenn die Sterne am Himmel funkeln, schleichen sie auf leisen Sohlen im Mondlicht in die Stube und bewachen die schlafenden Menschen und die Tiere auf dem Hof. Den alten Sagen nach bringen Wichtel Glück und Wohlstand, Reichtum und Wohlergehen in das Haus. Doch man bekommt sie nie zu sehen. Denn wird ein Wichtel vom Menschen erblickt, verliert er seine Zauberkraft und kann nie wieder in die Menschenwelt zurückkehren. Ihrer Größe nach passen etwa 14 dieser kleinen Wesen in einen Backofen. Mit ihrer grauen Kleidung fallen sie nachts nicht auf, wenn sie durchs Haus huschen und in Windeseile für das Wohl ihrer Menschen sorgen.

Liegt ein Berg von Arbeit vor dir, dann bitte die Männlein und Weiblein dieser unsichtbaren Helfer um Mithilfe. Stelle ihnen eine Schüssel mit Obst, Brötchen und Kuchen bereit oder Brot und Milch, was sie besonders gerne mögen. Schreibe deine zu erledigenden Arbeiten auf einen Zettel. Während ihrer Arbeit sind sie sehr feinhörig und schnell, aber unendlich scheu, du wirst sie nie sehen, aber immer fühlen. Wenn du morgens erwachst, spürst du eine überschäumende Energie und den unaufhaltsamen Drang, deine Arbeit in Windeseile zu erledigen. Sie erscheinen dir auch gerne nachts im Traum, und, erfüllt mit ihrem Geist, gelingt dir am nächsten Tag die Arbeit flink, geschickt und flugs.

Besorge dir eine Wichteltür aus Holz, sie ist die magische Verbindung zur Wichtelwelt. Stelle sie im Garten vor einem Baumstamm auf, vor einem selbst angelegten Steinhügel oder häufe etwas Erde an, sodass die Tür als Eingang ins Wichtelreich dient. Auf dem Balkon reicht ein Steinhügel oder eine kleine, undurchsichtige Behausung aus Reisig und Blättern mit der Wichteltür als Eingang.

Diese kleinen zauberhaften Wesen wohnen in Häusern, Höfen und Scheunen, früher lebten sie jedoch am liebsten im Stall bei den Tieren. Aber auch auf Schiffen oder im Wald sind sie zu finden.

Räucherstoff für den Januar: Bernstein – Baumgold aus Urzeiten

Bernstein, ein Baumharz, das vor Jahrmillionen aus den Stämmen von Kiefern und anderen Nadelhölzern ausgetreten ist, kann bis zu 300 Millionen Jahre alt sein. In Griechenland sowie im alten Ägypten galt Bernstein als großartiges Heilmittel gegen viele Krankheiten. Zum Räuchern wurde er in der Antike täglich verwendet.

Der Sonnenstein, wie das Harz auch genannt wird, verbindet dich mit dem Schöpfungsgeist der Sonne und schafft eine zaubervolle Atmosphäre der Erneuerung und geistigen Erwärmung. Dieser goldene Baumsaft war und ist daher bis heute ein beliebter Bestandteil der Tempel- und Heilräucherungen, stellt sein intensiver Rauch doch Kontakt zu deiner Urverbindung und deiner inneren Quelle her und weckt dein Urvertrauen auf das ewige Leben. Ihm wird zudem eine schmerzstillende und beruhigende Wirkung nachgesagt. Mit etwas Glück findest du einige Stücke an den Stränden der Ostsee, ein magischer Moment, der der Energie dieser Steine nochmals einen besonderen Schub verleiht.

Zauberinstrument im Januar: Der heilige Kessel – Blick in deine Zukunft

Der Kessel spielte bei den Kelten, teilweise auch bei den Germanen, eine wichtige Rolle im täglichen Leben, besonders aber als Kult- und Zeremonialgerät bei Toten-, Opfer- und Weiheritualen. Die Kelten unterschieden drei Arten von Wunderkesseln: den Kessel des Reichtums und der Fülle, den Kessel als Beutestück aus der Anderswelt und den Kessel der Heilung oder Wiedergeburt. Die große keltische Muttergöttin Ceridwen braute ein Jahr und einen Tag lang in ihrem magischen Kessel den Trunk der Weisheit, der göttlichen Eingebung. Bei den Kelten machte der Kessel im Rahmen von Spiritualität und Zeremonien einen wichtigen Bestandteil aus. Er fungierte hierbei zumeist als kultischer Gegenstand, welcher mit Attributen wie Kraft, Macht, Schönheit, Herrschaft, aber auch Klugheit und Weisheit in Verbindung zu bringen ist. Der Wunderkessel als Zauber- und Symbolgegenstand bildete demzufolge das Bindeglied zwischen den Zaubermächten der Anderswelt und dem Reich der Menschen. Er symbolisiert Kreis und Kugel, die Urformen des Lebens und der Natur, wie Äpfel, Beeren, Sonne, Mond, Erde et cetera.

Stelle einen Kessel in die Mitte deiner Stube, gib etwas Sand hinein, zünde Räucherkohle an und lege Räucherstoffe wie Wacholderbeeren, Fenchel, Anis, Kümmel, Lavendelblüten, Weihrauch, Fichtenharz darauf. Wenn du dem geheimnisvoll aufsteigenden Rauch aus dem runden Zaubergefäß nachschaust, fällt dir eine Meditation ganz leicht. Sofort gerätst du in eine leichte Trance. Diese ist Türöffner zu vielfältigen Bewusstseinswelten, sie kann zu heilsamer Erkenntnis führen, deine Kreativität und Selbstheilungskräfte anregen.

Ein Kessel, auf ein Feuer oder einen Herd gestellt, bewirkt sogar eine ganz intensive Meditation. Koche darin eine Suppe aus Bohnen, frischen Kräutern und weiterem Gemüse. Beim beständigen Rühren gelangst du ebenfalls in eine Art Trance, die wie auf wundersame Weise deine Fragen an das Leben in Antworten verwandelt. Spüre die aufsteigenden Kräfte des Kessels, wie sie deine Lebensenergie erhöhen, und erlebe, wie Freude, Harmonie und auch Fröhlichkeit dein Inneres durchdringen.

Brauchtum im Monat des Janus

Der Januar ist der Monat, in dem wir über unser Leben reflektieren, Vorsätze aufschreiben und viele Hoffnungen und Erwartungen für das kommende Jahr hegen.

Nach alter Tradition reinigst und segnest du im Januar das Haus mit besonders magischem Wasser – Urzeichen des Lebens – aus einem Brunnen, Fluss oder Bach. Ebenso mystisch wirkt auch geschmolzener Schnee oder frisches Regenwasser. Zünde dazu eine Kerze an, tauche einen Rosmarinzweig in das Wasser und besprenge damit die Räume deines Hauses. Dazu sprichst du folgenden Segen: »Möge mein Heim mit kosmischer Energie erblühen.« Spüre danach den Zauber, der durch deine Räume schwebt, deine verborgenen Urkräfte weckt und dich zum Meister für die Herausforderungen deines Lebens aufsteigen lässt.

1. Januar: Neujahr

Neujahr ist mehr als nur der Tag nach Silvester. Der erste Tag des Jahres birgt viele Bräuche und Traditionen: So ist es Brauch, an diesem Tag Linsensuppe aufzutischen. Nach altem Glauben sollen die kleinen, aromatischen Hülsenfrüchte den Geldbeutel des Verspeisenden mit möglichst vielen Geldmünzen füllen.

Der erste Tag im neuen Jahr hat auch immer schon als besonderer Schicksalstag gegolten. Deshalb ist man darauf bedacht, dass dieser Tag so glatt wie möglich verläuft. Haus und Hof müssen sauber und aufgeräumt sein. Jeder einzelne Winkel soll energetisch von der Last des alten Jahres tief gereinigt werden, was du am besten mit einer Räucherung erreichst. Dazu werden auf Räucherkohle einige getrocknete Kräuter (Beifuß, Rainfarn, Mariengras, Rosen- und Lavendelblüten) sowie frisch gesammeltes Fichten- oder Tannenharz gelegt. Mit der Zauberfeder eines heimischen Vogels wird der Rauch dann in der Stube verteilt. Es entwickelt sich nicht nur ein köstlicher Wohlgeruch, es öffnen sich auch die Himmelspforten für den göttlichen Segen über das ganze Jahr.

Außerdem berichtet der Volksglaube, dass einem glücklichen Jahr nichts mehr im Wege steht, wenn man am Neujahrsmorgen einem Schwein begegnete. Daher ist es üblich, der Familie, den Nachbarn und Freunden ein Marzipanschwein zu überreichen. Es handelt sich dabei symbolisch um das Opfertier des germanischen Gottes Freyr, Beschützer von Haus und Hof und Überbringer von Wohlstand und Fülle.

Als Glücksbringer dienen auch Besen oder Schornsteinfeger, die das Ausfegen der Schornsteine symbolisieren, damit die guten Geister das ganze Jahr über durch den Kamin ziehen können und dir bei der Arbeit und Bewältigung deiner Sorgen und Nöte hilfreich zur Seite stehen können.

Ein vierblättriges Kleeblatt oder ein Hufeisen stehen ebenso für gutes Gelingen, Wohlbefinden, Erfolg, Lebenskraft und kosmischen Schutz.

Perchtenläufe

Die Perchtenläufe in der schaurigsten Raunacht vom 5. auf den 6. Januar gehen auf vorchristliche keltische oder germanische Wurzeln zurück. Wichtigste Utensilien bei allen Perchtenläufen sind, neben den fantasievollen Masken, die Glocken und Schellen, mit denen die Perchten lärmend durch die Straßen ziehen. Das Lärmen ist wichtig, um das neue Jahr gebührend zu begrüßen, und auch, um ungute Geister zu vertreiben, damit es ein gutes Jahr werden kann. Die Perchtenläufe stellen eine Verbindung zum Unterbewussten, zu archaischen Kulturschichten und zur Anderswelt her.

In lebensfeindlichen, ungemütlichen Zeiten oder auch traurigen Momenten verfolgen dich dunkle Gedanken, die wie dämonische Mächte wirken. Sie versuchen, dir die Lebensfreude zu nehmen, dich mit Ängsten und Schwermut zu belasten. In diesen Augenblicken erinnern dich die Perchten daran, diesen Empfindungen mit gleicher Manier entgegenzutreten und sie damit zu besiegen. Das schaffst du durch Selbstreflexion. Hinterfrage dein Denken, Fühlen und Handeln, gehe in dich hinein, finde mehr über dich heraus. So gelangst du zu deinen spirituellen Wurzeln, die deine Seele in gute, lebensbejahende Gedanken hüllt. Vertraue darauf, dass sich alles wieder zum Besten wandeln wird.

Hänge Sonnenmasken in deiner Stube auf. Sie erinnern dich an die Naturgöttin Percht (oft als Sonne dargestellt), auch Holle genannt, die du schon aus dem gleichnamigen Märchen kennst. Sie zieht in diesen kalten Tagen über das Land, beobachtet dich und wird dir helfen, wenn du bereit zur Läuterung bist, an dir arbeitest und gestärkt aus der Krise hervorgehen möchtest.

Februar – MONAT DER REINIGUNG

Ist's an Valentin noch weiß, blüht zu Ostern schon der Reis.

Das Geheimnis des Monatsnamens und der Zahlenmystik im Februar

Februar, der zweite Monat unseres Kalenders, wurde nach dem römischen Sühne- und Reinigungsfest Februar benannt, bei dem Menschen rituell gewaschen wurden. Der alte deutsche Name für den Februar ist Hornung, weil der reife Rothirsch in diesem Monat die Stangen seines Geweihs abwirft und beginnt, ein neues Geweih zu entwickeln. Weitere bekannte Namen unserer Vorfahren lauten Sturmmond, Hungermond, Schmelzmond, Taumond, Narrenmond, letzter Wintermond.

Mit dem Februar ist die Zahl Zwei verbunden, ein Symbol für Gerechtigkeit. Die Zwei ist das Symbol für zwei Hälften eines Ganzen. Sie ist hell und dunkel, Licht und Schatten, Gegensatz und Widerspruch. Die Zwei galt den Griechen als die erste tatsächliche Zahl, sie steht für Gegensätzlichkeit, Endlichkeit, Zweiheit, die Polarität, Dualität, Yin und Yang in der materiellen Welt. Die Zwei ist auch ein Symbol für das Weibliche, wir ordnen ihr Eigenschaften wie Lieblichkeit und Bescheidenheit zu. In den Lehren des Pythagoras symbolisiert die Ziffer Zwei die Materie im Unterschied zum Geist. Sie demonstriert das Vorhandensein von Gegensätzen und Unterschieden, wie hell–dunkel, gut–böse, begrenzt–unbegrenzt et cetera in der Natur – eine mystische Notwendigkeit, die das Leben abwechslungsreich, lehrreich und spannend gestaltet.

Gottheit des Februars: Frigg – Beobachterin aus dem Universum

Die Göttin Frigg ist in der nordischen Mythologie die Gemahlin des höchsten Gottes Odin. Sie gilt als Schutzgöttin der Ehe, des Lebens sowie der Mutterschaft. Als Hüterin des Herdfeuers und des Haushaltes verkörpert sie Geborgenheit, Wärme und Vertrauen. Außerdem ist sie die Hüterin der göttlichen Ordnung, der Welt des Wunderbaren – wie es urplötzlich in dein alltägliches Leben eintreten und es auf einen Schlag verändern und deinem Leben eine neue Richtung geben kann. Mit dem Glauben an deine Schöpferkraft schenkt Frigg dir Vertrauen, Leichtigkeit und Zuversicht in allen Lebenssituationen. Mit ihr gelingt dir die Erkenntnis, dass alles, was in deinem Leben auftaucht, ein Spiegel deines Bewusstseins ist und dir dein eigenes Inneres zeigt. So gelangst du zur Erkenntnis, dass alle Umstände, Personen und Situationen, die dir begegnen, das bieten, was du benötigst, um deine Wunden zu heilen, dein Potenzial zu verwirklichen und dein wahres, ewiges Wesen zu erkennen. Alles, was passiert, dient deiner Entwicklung, und alle Menschen und Geschehnisse tragen eine Botschaft für dich. Es heißt, Frigg kenne die Schicksale aller Menschen und auch Götter und fahre auf einem goldenen Wagen, der mit zwei weißen Katzen bespannt ist, durch das Universum. Ihr heiligster Gegenstand ist das Spinnrad, mit dem sie beim Drehen des Fadens die Schicksale aller Lebewesen anschauen kann.

Mit Frigg begibst du dich auf eine magische Reise durch das Feuer der Erkenntnis, der Magie deiner Schöpfungskraft und durch das Geheimnis deines ewigen geistigen Seins.

Zaubermetall für den Februar: Kupfer – Zaubermetall für Sinnlichkeit und Hingabe

Kupfer gehört zusammen mit Gold, Silber und Zinn zu den ältesten von der Menschheit genutzten Metallen. Bereits vor 4000 Jahren nutzten die Ägypter seine desinfizierende Wirkung und setzten Kupferspäne, vermischt mit Kuhfett und Honig, für die Wundheilung ein. Ein ausgewogener Kupferhaushalt ist grundlegend für die Knochenbildung, befeuert das Immunsystem und verleiht den Haaren und der Haut ein strahlendes Aussehen. Kupfer gilt als das Venusmetall, verkörpert es doch Schönheit, Sanftmut und Lebendigkeit. Nach alten Medizinbüchern hat man Wadenkrämpfe traditionell mit Kupfer behandelt – bis heute kommt dafür Kupfersalbe zum Einsatz, denn Einreibungen oder das Auflegen von Kupferfolien erzeugen Wärme und wirken entspannend. Über Nahrungsmittel wie Nüsse, Fleisch, Fisch, Krustentiere, Kartoffeln, Champignons, Bohnen oder alle Arten von Getreide entfaltet es seine heilsame Wirkung in unserem Körper. Zur Herstellung magischer Elixiere nutzte man häufig Kessel aus Kupfer, womit man die besondere Wirkung des Trunks stark aktivierte.

Sanftheit, Harmonie, Anmut, Gleichgewicht, Liebe, Weiblichkeit wie auch Leichtigkeit werden dem Kupfer nachgesagt. Außerdem beflügelt der sanfte rot-goldene Schatz aus der Erde die geistige Entwicklung, hilft, notwendige Entscheidungen besser wahrzunehmen und leichter zu treffen.

Lasse Trinkwasser über Nacht in Kupfergefäßen, wie Kannen oder Bechern, reifen und erfahre beim Trinken seine positive Wirkung auf deinen Geist und Körper. Seine magische Ausstrahlung entfaltet es auch als Schmuckstück auf der Haut, in der Tasche eines Kleidungsstücks oder nachts unter dem Kopfkissen gegen Albträume und für guten, erholsamen Schlaf. Es beschert dir Ausgeglichenheit, öffnet deine Augen für

Schönheit, spendet Mut, steigert dein Selbstbewusstsein und fördert die Realisierung deiner selbst gesteckten Ziele. Zum Aufladen seiner Energie solltest du das Kupferstück immer wieder in die Sonne legen.

Pflanzenmagie des Februars: Urkraft der Pflanzenknospen

Februar und nichts los in der Natur? Von wegen. Längst grünt und sprießt es, rüsten sich die Pflanzen für den großen Auftritt. In ihrem Inneren pulsiert das Leben. In der Regel liegt ein bisschen Schnee, es ist klirrend kalt und die Sonne ist ein gerne gesehener Gast. Seit Urzeiten suchen Menschen und Tiere in dieser Jahreszeit intuitiv Knospen von Bäumen und Sträuchern als Heilnahrung und stärken sich in Notzeiten mit knospenreichen Trieben sowie Zweigen, die sie als Immunstärkung und Wundheilmittel einsetzen. Als wirkungsvoller Nebeneffekt dienen diese Pflanzenteile dabei gleichzeitig als magisches Mittel zur kraftvollen Frischzellenkur für den Körper und ekstatisches Streicheln der Seele. Kaum wahrnehmbar, doch in allen Farben des Regenbogens lächeln sie dir zu, wenn du die Zweige genau betrachtest. Knospen bilden sich schon im Spätsommer und überwintern unbeeindruckt von Kälte, Schnee und Eis an den Ästen von Bäumen und Sträuchern.

Diese Magier der Pflanzenheilkunde hüten die größte Energie der Pflanzen, denn kein anderer Teil hat eine ähnlich große Energie wie die kleinen Kraftbündel: Das liegt an ihrem hohen Gehalt an Proteinen und Aminosäuren. Schon im Winter kannst du Knospen ernten, wenn dich deine Streifzüge durch die Natur an Eschen, Haselsträuchern, Heckenrosen, Birke, Himbeeren und Brombeeren, Rosskastanien, Linde, Eiche, Wacholder, Walnussbaum und Weißdorn vorbeiführen. Sie speichern alle Botschaften des Pflanzengeistes, der das Besondere in dir wachruft und es erblühen lässt: deine Begabungen, dein kostbares innerstes Wesen.

Mit einem Glas ausgestattet, sammelst du nur jene Knospen, die du identifizieren kannst. Sie können noch geschlossen oder schon leicht geöffnet sein. In Essig, Öl oder Salzlake einige Tage eingetaucht, schmecken sie ähnlich wie Kapern, als Zugabe zu Salaten, auf Broten, Nudelspeisen oder einfach zu allem, was du isst, zaubern sie ihre bärenstarke Kraft für einen leistungsstarken, energiegeladenen Körper herbei.

Baum des Februars: Buche – Wegweiser zu deinen Lebenszielen

Seen, Moore und Wiesen prägen die geheimnisvollen Buchengründe, die in Sagen, Mythen und Märchen den Menschen auf der Suche nach sich selbst als kostbare Wegweiser zum Ziel führten. Urwüchsige Riesen dieser Baumgattung gelten seit Jahrtausenden als ganz besondere Lebewesen, als richtige Persönlichkeiten. Sie beeindrucken durch schiere Größe, einen mächtigen, glatten Stamm und eine gewaltige Baumkrone. Manche Buchen erreichen ein biblisches Alter und können bis zu 500 Jahre alt werden. In diesem halben Jahrtausend haben sie vieles erlebt. Sie speichern die gesamte Geschichte dieser Zeit und kennen die Wahrheit.

Suchst du nach Antworten, dann findest du sie bei der Buche. Vor 2000 Jahren waren Buchenwälder die heiligen Hallen der Germanen und Kelten und Heimat ihrer hochverehrten Gottheiten, die sie an diesen Orten mit kultischen Ritualen huldigten. Solche Bäume sind Naturdenkmäler, mit denen die Menschen seit Jahrhunderten eng verbunden sind. Lasse dich bezaubern von diesen einzigartigen und majestätischen Geistwesen mit ihren moosbedeckten Stämmen und gekrümmten, zottigen Ästen, die aussehen wie ausgestreckte Arme und Finger. Verweile bei ihnen, setze dich nieder auf ihre bizarren, verschlungenen und knorrigen Baumwurzeln, schließe die Augen und meditiere, dann tauchen sie mit dir ein in eine geheime Welt, eine mythische Landschaft, in der die Zeit stehen geblieben ist. Vielleicht siehst du große Wildrinder unter ihrem Blätterdach umherziehen, Wisente mit zottigem braunem Fell, königliche Auerochsen mit ihren gewaltigen langen Hörnern, Wildpferde, Wildschweine, Elche und Rothirsche. Sie alle verbinden dich mit der Seele des Universums, mit deinen Ahnen, mit unsichtbaren Waldwesen wie Zwergen, Elfen, Kobolden. Sie alle sprechen zu dir, hören dir zu und hauchen dir die Antworten zu deinen Fragen an das Leben zu.

Krafttier des Februars: Storch – Bote der Anderswelt

In der Zeit von Ende Februar bis zum Beginn des Aprils kehrt er wieder zurück aus seinen Winterferien in Afrika und bezieht sein Nest auf unseren Hausdächern: der Storch. Störche sind der unsterblich göttliche Teil deiner Seele. In den Mondnächten des Februars vermitteln sie dir Nachrichten aus der geistigen Welt.

Entdeckst du diese Sumpfvögel auf den Wiesen deiner Heimat oder oben auf den Schornsteinen hoher Gebäude, dann beobachte sie ganz genau. Fokussiere deinen Blick auf einen der Vögel und vereine dich mit seinem Geist. Er wird dich in Hellsichtigkeit lehren und dich durch die Pforten einer fantastischen Welt begleiten, die dich für unsichtbare Reiche sensibilisiert.

Planet des Februars: Venus – Planet harmonischer Kräfte

Die Venus ist nach der Sonne und dem Mond das dritthellste Objekt am Firmament. Schon mit einem kleinen Fernrohr ist sie in der Abenddämmerung oder vor Sonnenaufgang sichtbar, manchmal sogar auch ohne optisches Gerät. Mal Abendstern, mal Morgenstern, doch tief in der Nacht ist die Venus nie zu sehen. Der strahlende Wandelstern wurde aufgrund seiner mystischen Schönheit von vielen Völkern verehrt und oft mit einer weiblichen, wunderschönen Göttin gleichgesetzt. Die Römer nannten den Planeten schließlich Venus, und diese Bezeichnung ist uns bis heute erhalten geblieben. Mit diesem strahlenden Planeten assoziieren wir unsere Ästhetik, Anmut, Erhabenheit, unseren Selbstwert sowie unser Harmonie- und Verbindungsstreben. Die Venus steht für Gesundheit und Aktivierung deiner starken Selbstheilungskräfte, Lebensfülle und Unabhängigkeit. In der germanischen Mythologie verband man die Venus mit der Göttin Freya, auf die auch die deutsche Bezeichnung für den Wochentag Freitag zurückgeht. Darüber hinaus steht das Venussymbol seit dem Altertum für das Planetenmetall Kupfer, das als Spiegelmetall der Liebes- und Schönheitsgöttin dem Planeten zugeordnet wurde. Durch die allgemeine Zuordnung eines weiblichen Charakters in der abend- und morgenländischen Kultur steht das Symbol der Venus in der heutigen Gesellschaft auch für die Weiblichkeit, Liebe, Schönheit, Verführung und die Reise in das Unbekannte. Als Verbindungsritual mit den sagenumwobenen Venuskräften eignen sich Räucherungen mit Rosen-, Lavendelblüten und Styrax.

Zauberorte des Februars: Wasserfälle – Energie aus Felsentoren

Rauschende Wasserfälle durch wilde Schluchten, türkisblaue Becken, dramatisch geschliffene Felsen, in Jahrhunderten geformt von mystischen Wasserkristallen. Finde diese besonderen Schätze, die oftmals in

Gegenden auf dich warten, an denen du keinen Wasserfall vermuten würdest! Entdecke ihr imposantes, geheimnisvolles und verborgenes Wirken. Sie laden dazu ein, ganz eigene Erfahrungen zu sammeln und dadurch viel Kraft und Ruhe zu gewinnen.

Dusche unter ihren kühlen Wasserstrahlen, lasse dich von ihren Naturkräften umspielen, sauge jegliche Information auf, die sie dir schenken, und lausche ihren verborgenen Geheimnissen. Im Wasserfall verschwinden dein Zeitgefühl sowie deine Ängste oder Anspannungen, Körper und Geist werden zu einer Einheit. Zudem wird deine Intuition angeregt. Der Wasserdampf beruhigt deinen Atem und das Geräusch des rauschenden Wassers entspannt jede Zelle deines Körpers und steigert deine mentalen und körperlichen Fähigkeiten. Trinke abschließend das kühle Nass und schmecke die Energie aus dem Reich von Mutter Erde. So erlebst du den Zauber ihrer elementaren Naturkräfte, die alle deine Sinne öffnen, du spürst der verborgenen Geschichte deiner Landschaft nach oder entschleunigst einfach einmal und tankst Kraft. Regeneriere und entspanne dich.

Die magischen Wesen des Februars: Riesen – Giganten der Erhabenheit

Ob Rübezahl, der Berggeist aus dem Riesengebirge, Goliath, der vom Hirtenjungen David besiegte Krieger im Alten Testament, oder Ymir, das erste Lebewesen in der germanischen Schöpfungsgeschichte – Riesen begleiten die Menschen schon seit Anbeginn ihrer Existenz. Bis heute erfahren wir ihr Dasein in Verkörperungen von Bergen, Vulkanen oder auch den größten Meeressäugern der Welt – den Walen. Letztere faszinieren uns Menschen seit jeher. Sie dienen als Vorbild für Stärke, Souveränität und Anmut. Sie lehren dich, dass das permanente Leben an der lärmenden Oberfläche angreifbar macht und der Gang in die Tiefe deines Daseins unausweichlich für dich ist, um Orientierung zu finden. Gigantische Vulkane dagegen zeigen den pulsierenden Herzschlag deines Heimatplaneten Erde. Nichts ist atemberaubender, als einen speienden Vulkan und dessen innewohnende Seele selbst zu erleben und den Atem seiner Energie zu spüren, seine gewaltigen Vorräte an Erdwärme und die gewaltige Macht der Schöpfung. Genauso wie die Feuer speienden Öffnungen der Erde ziehen uns viele Kilometer hohe Berge mit ihrer unbeschreiblichen Aura und ihrer Erhabenheit seit Jahrtausenden in ihren Bann.

All diese Riesen wecken in dir die *Kunst, dich von Äußerem zu lösen, innere Stärke zu finden,* auf lange Sicht resistenter gegen äußere Einflüsse zu werden und ein glückliches, selbstbestimmtes Leben zu führen, fern von menschenunwürdigen Regeln und Fremdbestimmung. Meditiere auf einem Berg – lausche der heilsamen Kraft der Stille auf dem Gipfel der Erde, entschleunige, entspanne.

Räucherstoff für den Februar: Fichtenharz – Würze aus den wilden Wäldern

Ein schönes, waldiges Dufterlebnis vermittelt wild gesammeltes Fichtenharz mit einem wunderbaren grünen, moosigen Duft. In der traditionellen Verwendung ist seit jeher bekannt, dass Fichtenharz die Luft in Räumen sehr gut reinigt. Es wurde daher traditionell auch bei Krankheit oder zur Genesung als heimisches Räucherwerk oder als Räucherharz für die Haus- und Hofreinigung zu den heiligen Raunächten und den Sonnenwenden eingesetzt.

Es ist ein Schutzharz, das auch lösende Eigenschaften beim Räuchern entfalten und bewirken kann, das dich dabei unterstützt, persönliche Verletzungen besser loszulassen und den Blick auf das Neue zu richten. Es verleiht einem Neuanfang eine besonders intensive Kraft, du erkennst dabei den Ruf des Lebens, das Abenteuer, dessen Protagonist du bist, mit Dämonen, gegen die du kämpfst, Neuland, das du entdeckst, und deinem neuen Ich, das du befreien musst, als säßest du in einem verwunschenen Schloss gefangen.

Zauberinstrumente im Februar: Masken – das zweite Gesicht

Hinter Masken kannst du dich verstecken und schützen, sie geben dir die Möglichkeit, für eine Weile aus dem normalen Leben auszusteigen, dich als ein anderer Mensch auszuprobieren. Mit dem Tragen einer Maske wechselst du in eine andere Daseinsform. Du lernst damit sogar, deine Sinneswahrnehmung zu stimulieren, dein Bewusstsein zu verändern und zu erweitern, kurz: in andere Bewusstseinsebenen einzudringen, die Anderswelt oder unsichtbare Welt kennenzulernen, das Reich der Erkenntnis und Erleuchtung zu entdecken. Dort sind deine Gedanken frei und können alles ausleben, was in dir steckt. Du siehst all deine Möglichkeiten und Chancen, die das Leben für dich bereithält, an die du nie gedacht hast, weil du dich in deinem alltäglichen Leben vielen Schranken und Grenzen gegenübersiehst. Masken verleihen dir Kraft und Zauber. Die geheimnisvolle Energie dieser Masken verhüllt nicht, sondern legt frei. Sie ebnet den Weg zu deinen ureigenen Kräften und gestattet dir, dein wahres Gesicht zu finden und auch zu zeigen.

Masken kannst du nicht nur tragen, du kannst sie auch in deinen Wohnräumen aufhängen, im Garten an Ästen und Stämmen von Bäumen befestigen oder zwischen Blumen aufstellen – der Fantasie sind keine Grenzen gesetzt. Mit Masken lernst du, dein eigenes Wesen und die Kraft deiner Potenziale zu erfahren. Masken von Perchten, wie du sie aus dem Alpenraum kennst, vertreiben den Geist des Winters, laden den Frühling mit der Kraft der Sonne in dein Leben ein. Sie zapfen die Energie der Naturseele an, stärken dein Immunsystem, heißen das neue Leben, das neue Licht nach den dunklen Tagen des Winters herzlich willkommen.

Brauchtum im Monat der Reinigung – Reinigung von dunklen Energien

Der Februar ist der Monat der Reinigung und des Lichts. Das Ende des Winters ist nun bald erreicht, die Tage werden ein wenig heller und wärmer und der Winter soll mit Festen und Reinigungsritualen vertrieben werden.

1. und 2. Februar: Imbolc – mystisches Reinigungsfest

In den mondlichten Nächten des Februars, wenn das Eis allmählich zu schmelzen beginnt, die Sonne langsam aus ihrem tiefen Versteck in der Erde wieder erwacht, findet die Herrschaft des Totengottes Samhain sein Ende. Als Licht- und Frühjahrsgöttin Brigid kehrt das hellste Gestirn am Himmelszelt zurück. Sie weckt die schlafenden Samen, rüttelt an den Bäumen, sodass der Saft, der Träger des Lebens, von den Wurzeln zu den gigantischen Kronen zu fließen beginnt. Imbolc, das viele Tage dauernde Fest der Brigid, gilt als Zeit der Reinigung, denn der indogermanische Reinheitskult empfand die Dunkelheit als verunreinigend. Wenn die Tage wieder sichtbar länger werden, muss der Schmutz der finsteren Zeit mit frischem Wasser entfernt oder mit (Birken-)Reisig weggekehrt werden. Dazu reinigst du dich in Schwitzbädern und Saunen, schlägst den Körper sanft mit Birkenruten, denn die Birke ist der Baum der Lichtgöttin und steht für jeden Neuanfang.

Das christliche Fest Maria Lichtmess am 2. Februar eines jeden Jahres löste die heidnischen Feierlichkeiten für Brigid ab und hat im bäuerlichen Brauchtumskalender seinen festen Platz.

Mit Lichtmess wird auch das Ende der Weihnachtszeit eingeläutet. Spätestens jetzt wird der letzte Weihnachtsschmuck bis zum nächsten Winter weggepackt und der Weihnachtsbaum aus dem Haus getragen.

Imbolc ist auch als Kerzenfest bekannt. Die Kerze gilt als Symbol für das nun im Jahreskreis wachsende Licht und die neu erwachenden kosmischen, Leben spendenden Energien. Zünde Kerzen in der Stube an, sie verleihen einen Zauber von Ruhe, Halt und Tiefe, ganz besonders in Zeiten des Umbruchs. Sie begleiten dich bei der Suche nach dem Sinn deines Lebens, bei deiner Reise zur Kraft deines Geistes und Heimat in dir selbst. Ihre Magie ist unbeschreiblich.

Hausräucherung – Spuren der Vergangenheit verwandeln

Im traditionellen Reinigungsmonat Februar werden die Häuser ausgeräuchert und eine intensive Reinigung der Energie in jeder Stube durchgeführt. Zünde dazu ein Stück Räucherkohle an und lege nach ungefähr fünf Minuten, wenn der Brennstoff eine weiße Ascheschicht angelegt hat, frisch gesammeltes Fichtenharz, Beifuß und Rainfarn auf. Siehe den Rauchschwaden nach und lasse dich von dem aromatischen Duft und ihrer Magie verzaubern. Der Rauch vereinigt dich mit der pulsierenden Lebenskraft, dem großen Geheimnis und dem unendlichen Geist allen Seins. Spüre die Verbundenheit mit der Erde, den Ahnen, den großen Seherinnen und Heilern. Dabei fühlst du, wie der Rauch jede noch so kleine Pore in den Mauern und in deinem Geist von allen Erlebnissen und Emotionen klärt und die Spuren der Vergangenheit in kostbare Diamanten des Lebens verwandelt.

14. Februar:
Valentinstag – Gedenken an den Zauber der ewigen Liebe

Namensgeber für den Valentinstag scheint der heilige Valentin aus dem italienischen Umbrien zu sein, ein Bischof und Märtyrer der römisch-katholischen Kirche aus dem 3. Jahrhundert. Er traute Liebespaare nach christlichem Ritus, obwohl Kaiser Claudius II. dies verboten hatte. Die Ehen dieser Paare standen der Überlieferung nach unter einem besonders guten Stern. Valentin soll den Paaren auch Blumen aus seinem Garten übergeben haben. Auf Befehl des Kaisers wurde er am 14. Februar des Jahres 269 enthauptet und gilt seitdem als Schutzpatron der Liebenden. Die Wurzeln dieses Feiertages reichen allerdings weit in die vorchristliche Zeit Roms zurück. Damals etwa feierten die Menschen weit vor Christus und bis ins 5. Jahrhundert nach seiner Geburt den Luperkalienkult, ein üppiges Reinigungs- und Fruchtbarkeitsfest. Auch soll der 14. Februar im frühen Römischen Reich ein Gedenktag für Juno gewesen sein, die Göttin der Ehe, Geburt und Fürsorge. An jenem Tag wurden Blumenopfer erbracht und junge Frauen besuchten Liebesorakel im Tempel.

Die Magie dieser unterschiedlichen Feierlichkeiten berührte wohl die Seelen der Menschen so besonders tief, dass sie noch heute auf der ganzen Welt diesen zaubervollen Tag feiern. So schenken sich Verliebte vor allem Blumen, am häufigsten rote Rosen, um sich ihre Zuneigung zueinander zu zeigen. Aber auch hübsche Valentinskarten und Naschereien stehen hoch im Kurs!

DER FRÜHLING WEHT DURCHS LAND

Die letzten Fleckchen Schnee schmelzen in der Sonne dahin. Die ersten grünen Gräser sprießen aus der Erde, bunte Blumen bringen wieder frische Farbe in die Landschaft und du atmest beim Barfußgehen im saftig-grünen Gras den magisch-süßen Duft der neu erwachenden Natur. Die Vögel beginnen lebensfroh zu singen und die warmen Sonnenstrahlen streicheln mit ihrer geheimnisvollen Aura deine Haut. Blauer Himmel, wohin das Auge reicht, endlich wieder die milde Luft mit all ihrem Zauber inhalieren, auf der Sonnenterrasse eines der vielen Straßencafés die Seele baumeln lassen – ein herrliches Gefühl nach den klirrenden Wintertemperaturen! Die Tage werden wieder länger, die Temperaturen steigen. Mit den ersten warmen Sonnenstrahlen verwandeln sich die Obstwiesen in ein weiß-rosa Meer aus duftenden Blüten, sie laden dich zum Staunen und Träumen ein. Bunte Krokusse, Haselnüsse und Weidenkätzchen beginnen zu blühen und nehmen dich mit auf eine sinnliche Reise voller Sehnsucht und Verlangen. Viele Tiere balzen, um einen Partner zu finden. Umschwirrt werden sie hierbei von Insekten: Sobald es wärmer wird, kannst du Maikäfer, Marienkäfer, aber auch farbenprächtige Schmetterlinge, Hummeln und natürlich Bienen erleben. Sie brummen, krabbeln, summen und tanzen fröhlich umher, um zum süßen Nektar der süß duftenden Blüten zu gelangen.

März – MONAT DES NEUBEGINNS UND AUFBRUCHS

Lässt der März sich trocken an, bringt er Brot für jedermann.

Das Geheimnis des Monatsnamens und der Zahlenmystik im März

Der dritte Monat März ist der Lenzing oder Lenzmond, also der Lenzmonat, darum bezeichnet man den Frühling auch als Lenz. Der heutiger offizielle Monatsname stammt vom lateinischen Wort *Martius* ab, benannt nach Mars, dem Kriegsgott der römischen Mythologie, dem Vater von Romulus und Remus und damit Urahn der Römer.

Die mit dem März verbundene Zauberzahl Drei gilt von alters her als göttliche beziehungsweise heilige Zahl. Der Jahres- und Lebenszyklus wurde in vielen Kulturen als Dreiheit gesehen: Geburt, Leben und Tod; Kindheit, Erwachsenenphase und Alter. Eine Dreiheit von Göttern oder mythischen Wesen als Symbol für die allumfassende Göttlichkeit existiert ebenfalls in vielen Kulturkreisen. In der Antike teilten sich Zeus, Poseidon und Hades die Herrschaft über die Menschen, bei den Ägyptern waren es Isis, Osiris und Horus, in der nordischen Mythologie die drei Nornen – die Schicksalsfrauen Urd (die Gewordene), Verdandi (die Werdende) und Skuld (jene, die werden wird). Im pharaonischen Ägypten war der Tag ursprünglich in Morgen, Mittag und Sonnenuntergang eingeteilt. Ebenso nimmt die Triade Körper, Geist und Seele eine besonders magische Bedeutung auf unser Wohlbefinden an. Die heilige Zahl Drei symbolisiert die Vollkommenheit und göttliche Macht. Redensarten wie »ewig und drei Tage«, »aller guten Dinge sind drei«, »drei Kreuze schlagen« zeugen von den magischen Erfahrungen unserer Ahnen mit der Zahl Drei.

Gottheiten des Märzes: Die drei Nornen – Mütter deines Schicksals

Nach altem Glauben gestalten drei Schicksalsgöttinnen, auch Nornen genannt, dein Los im irdischen Leben. Diese allwissenden germanischen Weberinnen des Glücks namens Urd, Verdandi und Skuld gelten als Verkörperung deiner drei Schicksalsphasen: Vergangenheit (Urd), Gegenwart (Verdandi) und Zukunft (Skuld). Der Sage nach leben die drei Nornen an der Urquelle allen irdischen Seins zwischen den Wurzeln des Lebensbaumes Yggdrasil, der den gesamten Kosmos verkörpert. Sie spinnen die Schicksalsfäden und bestimmen Ereignisse, die in deinem Leben geschehen sollen. Außerdem verkörpern sie das sich ständig erneuernde Leben und gelten als Schutzfrauen in allen menschlichen Belangen und schicksalshaften Momenten. Demzufolge schenken dir die drei Zauberfrauen vitale Lebenskraft und magische Stärke für die Hürden im Laufe deines Lebens. In allen Lebenssituationen wecken sie Zuversicht und Hoffnung und helfen dir dabei, dich zu wandeln, zu verändern und weiterzuentwickeln. Sie greifen in dein Leben ein, wenn gewisse Vorgänge, Erlebnisse und Begegnungen sich ereignen sollen, und sie beantworten dir alle Fragen über dich, wenn du in die Stille gehst und ihren Antworten lauschst.

Zaubermetall für den März: Eisen - mystischer Schutz

Eisen spielt eine besondere Rolle im Volksglauben und in der Volksmedizin. Es gilt seit Urzeiten als Träger magischer und heilender Kräfte. Nach altem Glauben kann es allen Zauber bannen und uns unbesiegbar machen. Man sagt dem Eisens eine direkte Verbindung mit den kosmischen Energien nach. Zur Abwehr von dämonischen Gedanken, Krankheiten, Unheil und übelmeinenden Geistern beweist es bis heute in Form eines Hufeisens über der Haustür seine mystischen Kräfte. Ebenso wirkt ein Eisenstück unter der Türschwelle oder hinter der Tür respektive in der Wiege von neugeborenen Kindern. Für Schutz außerhalb des Hauses kannst du ein Stück Eisen am Körper tragen. Als Anhänger oder Ring direkt auf der Haut, aber auch in der Hosen- oder Manteltasche strahlt es seine Schutzwirkung aus.

Eisen steht unter der Herrschaft des Planeten Mars. Es vermittelt wie dieser Gigant des Universums Lebenskraft, Standfestigkeit, unbeugsamen Willen, es macht durchsetzungsstark, weckt auf, hilft, Schwäche und Müdigkeit zu überwinden, und es wärmt. Fehlt dir der Mineralstoff Eisen, leidest du an Schwächegefühl, Lustlosigkeit oder mangelnder Tatkraft. Eisen spielt eine große Rolle in der Immunität, also der Krankheitsabwehr des Körpers. Aus Eisen hergestellte Arzneien wirken sehr stark und augenblicklich und die Menschen fühlen sich dadurch rasch besser und gestärkt. In Kombination mit Brennnessel soll Eisen die Haut regenerieren, etwa bei eingerissenen Mundwinkeln oder Fingernägeln. Man sagt, das Eisen impfe der Seele die Tatkraft und den Willen ein, die irdische Inkarnation kraftvoll zu nutzen. Ebenso weckt es den Lebensdurst und den Atem deines irdischen Daseins, aber auch deine Erinnerungen an ein Leben vor deiner irdischen Existenz.

Pflanzenmagie des Märzes: Scharbockskraut – erster Frühlingsbote

Scharbockskraut ist ein typischer Vorbote des Frühlings. Schon seit alten Zeiten profitieren die Menschen in unseren Breitegraden nach der langen Winterzeit von der Vitamin-C-reichen Pflanze, weshalb das Scharbockskraut auch oft als Frühlingssalat bezeichnet wird. Die Blätter wurden früher als wirksames Mittel gegen Skorbut (= Scharbock) eingesetzt, vor allem, als um 1500 die langen Entdeckungsreisen auf dem Meer zu massenhaften Skorbut-Ausbrüchen führten.

Die jungen, unbedingt vor der Blütezeit geernteten Blätter bereichern im Frühling Salate, Quark, Butterbrote und Frischkäse. Magisch wird die Pflanze vor allem gegen übelmeinende Energien als getrocknetes

Kraut beim Räuchern eingesetzt. Scharbockskraut ist ein frühes nährendes Geschenk von Mutter Natur. Die goldenen Blütensterne vertreiben die Wintergeister und erfüllen dich mit der intensiven Kraft der Sonne. Der Geist des Neuanfangs durchflutet dich und schenkt dir gleichzeitig wegweisende Visionen sowie unermessliche Vitalität.

Baum des Märzes: Birke - wo Urenergien wirken

Die Birke ist der Baum des Frühlings, des Anfangs, des Neubeginns. Sie ist ein lichtvoller, reinigender Baum und der Göttin Brigid geweiht, die im Frühling alle Pflanzen aus dem Boden lockt, sie ergrünen lässt, ihnen Lebenskraft einhaucht und kosmische Energie durch sie fließen lässt. Sogar unsere Gedanken und Worte erweckt sie zum Leben, wir sitzen wieder draußen in der wärmenden Sonne, grüßen Freunde, Nachbarn und völlig fremde Personen auf den Straßen mit einem Lächeln. Unser Leben erwacht wieder aufs Neue und uns erwarten spannende Tage, Momente, Augenblicke. In der Nähe einer Birke wirst du sanft durch jeden Windhauch berührt und alle belastenden Sorgen werden angeschaut, verschiedene Lösungen durch Gedankenimpulse des Baumgeistes vorgeschlagen. Mit Bildern voller Zuversicht und Lebensfreude hilft dir die zarte, vitale Birke, wieder zu dir zu kommen, heil zu werden. Umarme den weißen Stamm eines alten Exemplars. Höre den Fluss der Säfte, wie sie in die Wipfel steigen, und empfange durch die Rinde die Urenergie dieses magischen Geschöpfes.

Jetzt ist die Zeit für Birkenwasser, auch als Birkensaft bekannt, eine süßlich schmeckende Flüssigkeit, die überwiegend aus dem Stamm, aber auch aus den dickeren Ästen oder den Wurzeln der Birke gewonnen wird. Spüre damit die Energie der Urbirke, sie spendet dir alle Kraft, die du brauchst.

Nach einem alten Birkenzauber wirst du Flüche, Verwünschungen oder Kummer los, wenn du diese auf ein weißes Baumwollband schreibst, welches du anschließend um einen kleinen Birkenast wickelst. Dann wirfst du dieses Holz in ein fließendes Gewässer, sodass es von der Strömung weggetragen wird und die negativen Energien mit sich nimmt.

Birkentee

DU BENÖTIGST:	ZUBEREITUNG:
2 l Wasser *1 Handvoll frische Birkenblätter*	Bringe das Wasser zum Kochen und gib die Birkenblätter in ein Teesieb, das du in eine Teekanne hängst. Gieße das Wasser auf die Birkenblätter und lasse den Tee 10 Minuten ziehen.

Nimm dann das Teesieb heraus und genieße deinen Tee.
Diesen blutreinigenden Frühjahrstee solltest du am besten vormittags trinken.
Immunstärkend wirkt Birkentee, wenn man ihn täglich, drei bis vier Wochen lang, als Frühjahrskur trinkt.

Krafttiere des Märzes: Pferde – Helfer der göttlichen Mächte

Pferde gehören zu deinen edelsten Freunden. Ihre hohe Intelligenz und ihr hoher Verstand führen deinen Geist zu deiner Bestimmung. Diese treuen Helfer, Vertraute und Begleiter versinnbildlichen deine Gedankenflüge und wecken deine Inspiration für Unabhängigkeit, Willenskraft, Edelmut sowie für inneren und äußeren Frieden. Spüren Pferde deine Nähe, verhelfen sie dir zur Selbstbefreiung und führen dich zu neuen Bewusstseins- und Daseinsebenen.

Besuche zu jeder Jahreszeit – vor allem aber im März – Pferdekoppeln und beobachte diese atemberaubenden Geistwesen. Ihr Gleichmut, ihre Ruhe, ihr Duft und ihre überwältigende Schönheit wecken in dir das Feuer der Naturkräfte, die auf dich warten, um dir neue Wege auf deiner Reise durch das irdische Reich zu zeigen.

Planet des Märzes: Mars – der rote Planet

Wegen seiner rötlichen, an Blut erinnernden Farbe wurde der Mars – benannt nach dem römischen Gott und Herrscher aller Kriege sowie gesellschaftlicher Veränderungen – schon im alten Ägypten als »Horus, der Rote« und dann im antiken Griechenland nach Ares, dem Gott des Krieges, benannt. Er wirkt in den Tiefen der Atmosphäre, bringt die Gefühle der Menschen in Wallung und sorgt für ausgleichende Gerechtigkeit. Unter seinem Einfluss entwickeln sich Eigenschaften wie Handlungsbereitschaft, Spontaneität, Engagement, Willenskraft, Selbstvertrauen, Risikobereitschaft, Kampfgeist, Veränderungswillen, Eroberungslust, Stärke, Unerschrockenheit und Leidenschaft. Unter der Herrschaft dieser göttlichen Attribute gehst du energisch und zielsicher deinen Wünschen entgegen und mit unerschütterlicher Tatkraft beschreitest du deinen Lebensweg. Ob reich oder arm, ob vornehm oder gering, in jedem sind die Geheimnisse und Wunder des Kosmos gespeichert und Mars hat die Aufgabe, diese Erkenntnis in uns reifen zu lassen, unsere Gedanken dafür zu klären. Nur mit den Fähigkeiten des Geistes vermagst du die Wirkung dieses Planeten in dir zu erkennen und seine Kräfte in dir zu steuern. Dazu musst du dich nur in eine Umgebung begeben, in der du dich rundum wohlfühlst. Lasse deine Gedanken schweifen, und schon bald wirst du seine geistige Anwesenheit spüren. Mit seiner Unterstützung findest du das Tor zu deiner wahren Bestimmung, damit du deine tatsächlichen Neigungen vor deinem geistigen Auge sehen und verwirklichen kannst.

Zu den Pflanzen, die die Marskräfte intensivieren, gehören: Küchenzwiebel, Knoblauch, Aloe, Ananas, Wermut, Gänseblümchen, Berberitze, Meerrettich, Distel, Koriander, Weißdorn, gelber Enzian, stinkender Storchschnabel, Katzenpfötchen, Hopfen, weiße Taubnesseln, Basilikum, Hauhechel, Kiefernarten, Breitwegerich, Eiche, Schwarzer Rettich, Heckenrose, Senfarten, Blutwurz, Brennnessel.

Zauberorte des Märzes: Magische Schluchten und Klammen

Unsere Landschaft wird nicht nur durch Berge und Hügel, sondern ebenso stark auch durch enge Täler und Schluchten geprägt. Diese Orte waren einst Handelsplätze von Schmugglern, Verstecke von Rebellen und Wohnorte von Eigenbrötlern, Aussteigern und Propheten. Stelle dir ihre Gedanken vor, ihre Worte, Gespräche. Wie lebten sie dort, welche essbaren Wildkräuter fanden sie? Versuche einmal, einen Nachmittag dort ganz allein zu verbringen, dich zu ernähren wie diese geheimnisvollen Menschen. Oft genug finden sich diese geheimnisvollen Plätze, diese mystischen Naturwunder, einzigartigen Kunstwerke, die die Natur über die Jahrmillionen geschaffen hat, in deiner direkten Nachbarschaft. Sie verbergen Geheimnisse aus der Zeit der Schöpfung – verweile und genieße, dann offenbaren sich ihr Geist, ihr Atem und ihre Gedanken. Lausche der magischen Stimmung, gepaart mit dem Duft von feuchtem Moos und dem Klang wilder Wassermassen: Direkt neben dir strecken sich die mächtigen Felswände majestätisch in den Himmel. An deren Ende scheinen sich grüne Bäume regelrecht festzukrallen. Nach jedem Schritt und hinter jeder Ecke verbirgt sich ein neuer Anblick auf eine regelrecht berauschende, geheimnisvolle Natur, vorbei an Zaubersträuchern und mystischen Steinkreisen, verfolgt von den geheimnisvollen Rufen stolzer Kauze, dem Hämmern eines Spechts und dem Summen von fleißigen Insekten. Dickes Wurzelgeflecht und Fichtengehölz lassen dich die Anwesenheit von neugierigen Waldgeistern erahnen: Elfen, Feen, Kobolde, Trolle. Ihre Augen beobachten dich stets. Bringe ihnen Opfer dar: etwas guten Wein, Nüsse und Trockenfrüchte, dazu einen kleinen Strauß Wildblumen, diese lieben sie besonders gerne. Verweile und genieße.

Die magischen Wesen des Märzes: Elfen – Verkörperungen deiner Gedanken

Elfen, diese zauberhaften Wesen aus der Welt der Märchen, wandeln wahrhaftig in unserer Welt. Wenn du dein Herz wieder der Natur öffnest, dem Rauschen eines Baches lauschst, einem Baum beim Wachsen zusiehst und die Kräfte der Natur in dich aufnimmst, kannst du ihnen begegnen. Sie zeigen dir, wie du deinem eigentlichen göttlichen Wesen wieder näherkommst. Ergreife ihre helfende Hand und sie lehren dich Leichtigkeit und Unbeschwertheit. Auf moosbedeckten Wegen durch harzig duftende Wälder findest du auch die Pfade dieser zaubervollen Lichtwesen. Genau dort berühren sich deine und ihre Welt. Mit allen Sinnen nimmst du es wahr, wenn sich eine Pforte in das Reich dieser magischen Naturwesen öffnet. Aus dem Nichts kommen urplötzlich fantastische Wesen, um dich auf deinem Streifzug durch die Wildnis zu begleiten.

Bringe ihnen süße Früchte und Quellwasser mit. Platziere diese an einer Baumwurzel und schreibe ihnen ein paar Zeilen. Lege dich danach auf eine sonnige Waldlichtung oder eine lichtdurchflutete bunte Blumenwiese. Schließe die Augen, atme tief ein, lasse dich durchdringen von dem süßen Duft der lieblichen Gräser und zarten Blumenblüten. Das sind sie, mit ihrer Zauberkraft fächeln sie dir den lieblichen Wohlgeruch aller Pflanzen in die Nase. So heilen sie dich von schwerwiegenden Sorgen und Gedanken. Sie rufen dir zu, dich zu wandeln und endlich den Pfad der Leichtigkeit einzuschlagen. Schwebe mit den Elfen davon, in das Land deiner Träume, und lebe mit ihnen glücklich, wie im Märchen, bis ans Ende deiner Tage. Öffne wieder deine Augen. Siehst du einen Schmetterling flattern, ein Blatt vom Baum schweben, hörst du ein Rascheln unter dem Laub, beobachtest du ein Zittern von Grashalmen oder siehst Pflanzenteile zu Boden fallen, dann sind sie ganz nah bei dir und schenken dir ihre volle Aufmerksamkeit. Sprich mit ihnen, sie werden dir antworten.

Räucherstoff für den März: Wacholderbeeren – Duft des Erdengeistes

Mit dem Rauch der schwarzen Beeren holst du dir die Bergluft zu jeder Jahreszeit in deine vier Wände. Der waldige, süßlich-harzige Duft kann am besten den frisch gemörserten dunklen Kugeln entlockt werden. Im mystischen Wohlgeruch seiner dunklen Beeren nimmst du Kontakt mit der Kraft der Stille auf, dem inneren Frieden und der Essenz des Seins. Du erkennst, wie dich die innere Stille schützt und in neue unsichtbare Welten begleitet, wo dich absolute Harmonie umgibt. Du lernst, deine immerwährende Betriebsamkeit loszulassen, um mit deiner inneren Wahrnehmung deine Seinsebene zu spüren. Durch die tiefe Rauchreinigung deiner Stube gelangst du zu einer klaren Sicht deiner momentanen Situation und kannst dein Leben von belastenden Elementen befreien. Mit dem Qualm des starken, unbeugsamen und wilden Wacholdergeistes gelingt dir eine magische Schutzräucherung.

Zauberinstrument im März: Hexenbesen – Feind des Winters und der dunklen Energien

Das archaische Symbol für den geistigen Flug in unsichtbare Daseinsformen verkörpert der Hexenbesen. Er ist im Volksglauben das bevorzugte Transportmittel übersinnlich begabter Zeitgenossen, die auf ihm durch die Luft reiten. Dem Besen aus Birkenreisig sagt man besondere Zauberkräfte nach, denn er diente nicht nur zum Kehren von Stube, Hof und Straße, sondern man kehrte bereits im alten Rom die Türschwellen mit ihm, um böse Geister fernzuhalten und dunklen Kräften keinen Eintritt zu gewähren. Einen Besen aus Birkenreisig kannst du leicht selbst herstellen, ich zeige dir im folgenden, wie dies geht. Bevorzugst du zum Kehren modernere Haushaltsgeräte, dann stelle den Reisigbesen auf den Balkon, in den Garten oder sogar in deine Stube. So wird er dich jederzeit mit seiner zaubervollen Ausstrahlung beflügeln, dir bei deinen magischen Reisen durch Zeit und Raum ein kostbarer Ratgeber sein und mit dem Bewusstsein der Birke deinen Geist schärfen. Er bereitet dich für alle neuen Ereignisse in deinem Leben vor, fegt den Geist des alten Jahres aus dem Haus, um dem neuen Platz zu machen. Als Schutzzauber kannst du ihn auch an den Dachgiebel oder über die Haustür hängen.

Reisigbesen

DU BENÖTIGST:	SO GEHT ES:
Birkenreisig *Stock aus Fichten-, Hasel- oder Weidenstangen* *Gartenschere* *Schnur* *Messer* *Draht* *Drahtschneider* *Spanngurt*	Weiche das Reisig über Nacht in Wasser ein, damit es nicht bricht. Nimm als Besenstiel einen Stock aus Fichten-, Hasel- oder Weidenstanden. Schneide das Reisig mit der Gartenschere circa 60 Zentimeter lang ab und fertige mithilfe der Schnur und des Messers kleinere Reisigbündel davon an.

Binde anschließend die verschiedenen Bündel zu einem Besen zusammen. Dafür wickelst du zunächst ein Ende des Drahtes im Abstand von einer Handbreit vom hinteren (dickeren) Ende um eines der Bündel und fixierst es dann. Anschließend ordnest du die übrigen Reisigbündel nacheinander um dieses Bündel herum an, bis der Besen den gewünschten Umfang erreicht hat.
Damit der Besen richtig fest bleibt und sich nicht wieder lockert, ziehst du das Reisig mit dem Spanngurt fest zusammen. Dann kannst du den Draht, der zuvor am ersten Bündel fixiert wurde, in mehreren Windungen fest um den Besen wickeln und mit dem Drahtschneider abschneiden. Je fester das Reisigbündel zusammengespannt ist, umso besser hält der Besen.

Brauchtum im ersten Frühlingsmonat

Im März beginnt endlich der Frühling: Die Tage werden nun wieder länger und die Temperaturen steigen. Die Kraniche fliegen wieder und die ersten Kröten sind unterwegs. Auch die Pflanzen erwachen aus dem Winterschlaf: Blaue Veilchen leuchten um die Wette, gelbe Schlüsselblumen schließen den blauen, sonnigen Frühlinghimmel auf, Teppiche von Buschwindröschen bevölkern mit ihren weißen Sternenblüten den Waldboden und die silbern schimmernden, samtigen Kätzchen der Salweiden laden zum Pflücken ein.

Der Einzug des Frühlings, die neu erstarkende Lebenskraft der Natur, wird im März traditionell mit Frühlingsfesten gefeiert. So begehen wir die Frühjahrs-Tagundnachtgleiche, welche die Zeit des Neuanfangs symbolisiert und die dunkle Jahreszeit vertreibt. Mit diesem Fest wenden wir uns der lichten Zeit zu, der Zeit des Wachstums und der Fruchtbarkeit.

Tagundnachtgleiche

Zweimal im Jahr, im März und September, gibt es jeweils einen Termin, an dem der Tag und die Nacht gleich lang sind. Wir nennen diese beiden Tage Tagundnachtgleiche oder auch Frühjahrs- oder Herbstbeginn. Sie haben seit Menschengedenken eine besondere Bedeutung. Der Frühlingsbeginn ist jener Tag, ab dem wieder alles fröhlicher, leichter und unbeschwerter wird.

Die Rückkehr der Sonne wird vielerorts mit Feuern begrüßt. Oftmals werden brennende Räder aus Stroh von einem Berg aus ins Tal gerollt. Das Feuer symbolisiert, dass alles Alte verbrannt und dadurch Freiraum für Neues geschaffen wird. Mit dem Feuer soll also der Winter ausgetrieben werden, damit der Frühling Einzug halten kann.

Auch weitere Frühlingsfeste schießen vielerorts wie Pilze aus dem Boden und Festzüge erfreuen die Menschen. Zu Hause auf dem Balkon oder im Garten werden die wärmeren und helleren Tage nun mit einem offenen Feuer in einer feuerfesten Schale begrüßt. Nachbarn, Freunde und natürlich die eigene Familie kommen gerne, um das erwachende Licht würdig zu begrüßen. Selbst gebackener Kuchen, verschiedene Salate sowie Kräuterlimonade aus den frischen Brennnesseln, Tannen- und Fichtenzweigen, Quellwasser, Zitronenscheiben und Zimtstangen veredeln den Nachmittag oder die frühen Abendstunden. Räucherwerk auf der heißen Glut schickt Botschaften an den Himmel und heißen die neue, warme, lichte Jahreszeit willkommen.

Fastenzeit

Die Märzenzeit ist traditionell auch die Fastenzeit. Hierbei nimmst du für einige Tage nur selbst gekochte Brühe, Kräutertee, Quellwasser und ab und an ein Glas Fruchtsaft zu dir und, wenn du möchtest, auch einen kleinen grünen Kräutersalat (Bärlauch, Scharbockskraut, Vogelmiere, Wegerich) mit einem Dressing aus Olivenöl, wenigen Spritzern frischem Zitronensaft, Pfeffer und Salz. Nicht rauchen, auf Fleisch, Alkohol und Kaffee verzichten ist oberstes Gebot. Dabei geht es nicht allein ums Abspecken, sondern auch um eine tiefe Reinigung – nicht nur des Körpers, sondern auch des Geistes, der Gedanken.

Fasten soll aus Freude geschehen. Bei langen Spaziergängen während dieser Zeit gibt es keine Sehnsüchte mehr, nur noch die Freude an der frischen Luft, am mystischen Himmelsgewölbe, an der Sonne, an den geheimnisvollen Gewässern, an den Bewegungen, an der magischen Natur – und kein Gedanke mehr an Essen. Wenn du die ersten beiden Tage überwunden hat, dann wirst du innerlich freier und wacher. Bedenke: Wer nicht verzichten kann, kann nie ein starkes Ich entwickeln. Verzicht ist also innere Freiheit.

April – MONAT DER KRAFT UND LEBENSFREUDE

„Ist der Gründonnerstag weiß, wird der Sommer sicher heiß.“

Das Geheimnis des Monatsnamens und der Zahlenmystik im April

Ursprüngliche Bezeichnungen für den Monat April lauten Ostermonat, Ostermond, Wandelmonat, Grasmond oder auch Launing. Im April öffnen sich die Blüten, weshalb dieser Monat nach dem lateinischen Wort *aperire* (öffnen) benannt wurde. Nach einer anderen Vermutung soll die griechische Göttin Aphrodite Namensgeberin für den April gewesen sein, denn ihre Leidenschaft explodiert zu dieser Zeit in der Natur. Daher ist der April ein Monat mit viel Schwung und Energie, um uns voranzutreiben und die Pflanzen zum Austreiben zu bewegen.

In der altägyptischen Kultur genoss die Zahl Vier ein hohes Ansehen ob ihrer magischen Wirkung auf den Geist der Menschen. Es gibt vier Himmelsrichtungen, vier Elemente (Erde, Wasser, Luft, Feuer), vier Jahreszeiten sowie vier Mondphasen (Neumond, zunehmender Mond, Vollmond, abnehmender Mond). Die Zahl Vier findet sich auch in der Bibel bei den vier Evangelisten (Matthäus, Markus, Lukas und Johannes) und den vier Erzengeln (Michael, Gabriel, Raphael und Uriel). In der Numerologie steht die Vier für Stabilität, Ordnung, Loyalität und Sicherheit. Aus spiritueller Sicht bringt uns die Zahl Vier Stärke, Licht, Reinheit und Perfektion.

Gottheit des Aprils:
Ostara - Göttin der erwachenden Urspriritualität

Die germanische Göttin Ostara bringt als Botin des Frühlings nach den klirrend kalten Wintertagen Wärme, Licht, Energie und Leben in die Welt. Mit ihren goldenen Sonnenstrahlen nimmt sie Kälte und Frost die Kraft und lockt die grünen Pflanzen aus der Erde. So symbolisiert die Göttin der Morgenröte, wie sie auch genannt wird, das Neuerwachen der Erde, der Wiedergeburt und das Wachstum. Der Legende nach brachte Ostara zu Beginn des irdischen Lebens ein Ei auf die Welt, das sie mehrere Tausend Jahre zwischen ihren Brüsten reifen ließ. Als das Ei erste Sprünge in der Schale bekam, legte sie es behutsam in die Dunkelheit, woraus die ganze Welt mit allen Landschaften, Pflanzen, Tieren und Menschen entstand. Das Schenken von Eiern ist ein jahrtausendealtes Ritual, das die Geburt der Welt sowie das Erwachen der Natur symbolisiert.

Ostara ermutigt dich im Frühling, mit der Umsetzung deiner Wünsche, Ziele und Visionen zu starten. Mit dem neu erwachten Licht bringt sie dir die Stärke, die Kraft und den Mut, deine Pläne zu verwirklichen. Sinnbildlich für die Verwirklichung deiner Lebensvorstellungen kannst du Blumensamen in die Erde stecken. So siehst du wöchentlich am Wachstumsfortschritt dieser Pflanzen, wie deine Handlungen Gestalt annehmen, wenn du an der Erfüllung deiner Herzensangelegenheiten arbeitest. Nach ein paar Monaten wirst du ein buntes Blütenmeer bewundern, was durch deine Hände und die Macht deiner Gedanken entstanden ist – so wie dein ganzes Leben.

Zaubermetall für den April: Silber – das Mondmetall

Silber übt – bedingt durch seinen schönen, hellen Glanz sowie seine große Beständigkeit und leichte Bearbeitbarkeit – seit undenklichen Zeiten eine besondere Anziehungskraft auf die Menschen aus. Es ist eines der ältesten bekannten Edelmetalle der Welt und gilt seit jeher als Farbe des Mondes und der Weiblichkeit. Silber wird nicht nur eine besondere geistige Wirkung, sondern auch eine heilende Kraft nachgesagt. Es kann Leichtigkeit und Klarheit vermitteln und der Legende nach sogar Dämonen vertreiben. Es heißt, wer diese Farbe trägt, wirkt unschuldig, rein und wissend. So öffnet es den Blick in die Tiefen des Unterbewusstseins und fördert in hellen Mondnächten den Schlaf mit seinen zukunftsweisenden Träumen. Des Weiteren hilft es bei dem alchemistischen Wandel eines Menschen zu einem edlen und tugendhaften Charakter und führt zu dem kostbaren Schatz der Lebenskraft.

Um den Zugang zu höheren Ebenen des Bewusstseins, zu Sphären, in denen alle Beschränkungen von Raum und Zeit aufgehoben sind, zu erleichtern, wird seit Jahrtausenden wertvoller Silberschmuck als Schutzamulett getragen. Dieser soll den Träger vor dem bösen Blick und unheilvollen Kräften bewahren, die nichts unversucht lassen, um sich den erkenntnisreichen Zielen entgegenzustellen. Wer dieses magische Metall bei sich trägt, soll solche übelmeinenden Energien überwinden und seine verborgenen übersinnlichen Fähigkeiten, wie Telepathie, Hellsichtigkeit, Vorahnungen und Déjà-vu-Erlebnisse, wahrnehmen und stärken können. Es wirkt durch seinen milden Schimmer harmonisierend auf die Sinne. Seine Ausstrahlung kommuniziert mit deiner Seele und deinem Unterbewusstsein. Silber bringt dich dazu, in deine innere Welt einzutauchen. Nachts vor dem Schlafengehen belohnen dich einige Schlücke Wasser aus einem Silberbecher mit richtungsweisenden Träumen und verschaffen dir einen Blick in deine Zukunft.

Pflanzenmagie des Aprils: Bärlauch und Giersch – lebendige Energie aus der Erde

Unter dem braunen Laub der noch kahlen Frühlingswälder treibt der Bärlauch über Nacht im April aus dem Boden. Der wilde Knoblauch aus den grünen Laubwäldern verwöhnt deinen Körper mit einem prall gefüllten Speicher voller Sonnenenergie. Wenn du ihn selbst sammelst, lehrt er dich, das Wagnis einzugehen, vertraute Pfade zu verlassen, um neue Wege zu finden und zu gehen. So begibst du dich auf wunderbare Traumreisen, Visionen und Ausflüge in die Reiche des Anderweltlichen und gelangst zu einem kostbaren Schatz von Wissen und Erfahrungen. Sammle die spitz zulaufenden ganzrandigen Blätter des Bärlauchs, die alle mit einem eigenen Stiel aus der Erde ragen, und verarbeite diese zu Salat und Pesto oder streue sie gehackt über Suppen, Gemüse, Reis, Kartoffeln und andere Speisen.

Im Schatten von Bäumen und Sträuchern und an den Rändern von Wegen in Laubwäldern, wo Elfen und Feen zu den Gesängen der Vögel tanzen, da fühlt sich der Giersch pudelwohl. Mit seinem übervollen Lager an Vitamin C verwöhnt er deinen Körper mit kostbaren, gesund erhaltenden Schätzen. Schon die alten Römer nutzten dieses magische Kraut als Gemüse, Salat oder Gewürz und in kräftigenden Suppen. Ab April blinzeln die zarten, gelbgrünen Gierschblätter aus der Erde, um die ersten warmen Sonnenstrahlen zu erhaschen. Binde dir mit Giersch gefüllte Schutzamulette um den Hals, damit dieses magische Hexenkraut seine abwehrende Strahlkraft gegen Alltagsängste und körperliche Schlappheit maximal entfalten kann. Sein unbändiger Optimismus bringt all deine Körperzellen zum Tanzen und zaubert maßlose Lebensfreude in dein Leben.

Baum des Aprils: Ahorn – erhabene Baumgottheit

In den imposanten Naturparadiesen der Alpen, der Welt voller prachtvoller Gipfel, erhabener Gletscher, glitzernder Bergseen und tosender Wasserfälle, fühlt sich der Ahorn am wohlsten. Doch auch in den Parks und Laubwäldern des restlichen Landes wirkt er wie eine erhabene Gottheit. Unter seiner gewaltigen Baumkrone erfährst du die Kunst der Auseinandersetzung mit deinen eigenen Grenzen und die damit einhergehende Entschleunigung. Beides macht deinen Blick frei, um auf das Wesentliche zu schauen. Das Ausbrechen aus einem immer hektischer werdenden Alltag in der atemberaubend schönen Gegenwart dieses Baumriesens bringt dir den Sinn deines Lebens nahe. Dieser Gigant mit seiner eindrucksvollen Gestalt, seinem dicken, knorrigen, oftmals mit Moosen bewachsenen Stamm strahlt eine ungeheure Ruhe und Gelassenheit aus. Tritt ganz nah an ihn heran, schwinge in seinem Rhythmus, so gibt er gerne etwas von seiner ehrwürdigen Kraft und Ruhe an dich ab. Fange seine Stimmungen in der Früh oder am Abend ein, und du spürst, dass das Meditieren unter einem alten Ahorn etwas Magisches hat. Ein echtes Feuerwerk der Gefühle.

Unsere keltischen Vorfahren schnitzten aus seinem weißen Holz – Zeichen für seine besondere innere Reinheit und Widerstandskraft – nicht nur Zauberstäbe mit höchster Wirkkraft, sondern auch Druidenstäbe. Bei diesen Wanderstöcken ist die Energie des Stabes mit dem Geist des Trägers im Einklang, sodass dieser auf seinen Wegen und Wanderungen von der reinigenden und schützenden Kraft des Stabes profitieren kann. Hochsensible Stabträger wird es sogar gelingen, die Energie nicht nur zu spüren, sondern auch zu bündeln und kontrolliert einzusetzen. Die Stärke und Macht dieses kostbaren Holzes schützt vor lästigen Dämonen, wie schlechten Gedanken oder Flüchen, und ruft die Sehnsucht nach Freiheit und starke Willenskraft in dein Leben. Türen und Türrahmen aus seinem weißen Holz bewahren nach alten, traditionellen Quellen das Haus vor bösen Geistern und Hexen. Die gleiche Wirkung zeigen an den Fenstern fixierte Ahornzweige, denn die an eine aufgespreizte Hand erinnernden Blätter verwehren übelmeinenden Energien den Einlass.

Krafttier des Aprils: Hase – Symbol der Lebensfreude

Hasen symbolisieren den Lauf der Zeit. Sie helfen dir bei der Entscheidung, woran du weiterhin festhalten sollst und welche Gedanken und Verbindungen du besser auflösen solltest. Als Sinnbild des Überflusses und der Fruchtbarkeit schlagen sie dir neue Wege vor, die eine Bewusstseinsreise ins Glück bedeuten. Selbstfindung, Selbstbestimmung und Erfolg werden dich schlagartig begleiten.

Beobachte Hasen im Feld, in Parks und auf endlosen Wiesen. Sie werden sich zeigen, wenn du bereit für ihre Ratschläge bist. Besonders in der Morgendämmerung erkennst du ihr mystisches Wesen, das die Nebelschleier in eine unsichtbare Welt lüftet, wo du die Macht deines ewigen Wandels erkennst und deine verborgenen Lebenskräfte sichtbar werden.

Planet des Aprils: Mond – Hüter der Nacht

Der Mond beeinflusst als Hüter der Nacht deine Träume. Er ebnet dir im Traum den königlichen Weg zu deiner Seele. So gelangst du zur Ursache vieler Krankheiten, Ängste und Schlafprobleme. Der nächtliche Traum liefert dir den besten Zugang dazu. Als direktes

Verbindungsglied zwischen dem Diesseits und der astralischen Welt, des Lebensbereichs der Seele, verfügt der Mond über die Attribute Weissagung, Zauber und Tod. Sein geheimnisvolles Antlitz wirkt sehr beruhigend auf den Geist der Rückbesinnung. In besonders hellen Nächten fährt der germanische Mondgott Mani mit einem von Pferden gezogenen Wagen durch die Lüfte und zieht die Sehnsucht in seinen Bann. Er unterstützt dich in mystischen Nächten beim Reflektieren und Resümieren, wenn du den Mantel der Zufriedenheit kritisch auf fadenscheinige Stellen prüfst.

Der leuchtende Himmelskörper am Nachthimmel deutet nicht nur deine Träume, wenn du ihn darum bittest, sondern bewacht auch die magische Quelle deiner Inspiration und hat Auswirkungen auf dein gesamtes Leben. Er sammelt als Beobachter aller Geschehnisse seit der Entstehung des menschlichen Daseins auf der Erde alle mystischen Geheimnisse, Legenden und Mythen, Dichtung, Glauben und Zukunftsvisionen, die jemals erdacht wurden. Auf deiner Suche nach Selbstbestimmung und Selbstentfaltung spielt die Kraft des Mondes eine elementare Rolle. Er stellt eine Verbindung zu deinen Ursprüngen, deinem innersten Selbst, her und hilft dir, dein Leben zu gestalten und Wünsche und Träume wahr werden zu lassen.

Mit Mondpflanzen in deinen Speisen oder als Dekoration in deiner Stube gelingt dir der Kontakt zu diesem mystischsten aller Himmelskörper: Mönchspfeffer, Melde, Gänseblümchen, Kohl, Wiesenschaumkraut, Gurke, Kürbis, Gelbwurz, Klettenlabkraut, Klatschmohn, Ysop, Kleines Habichtskraut, Schwertlilie (nur zum Räuchern), Kopfsalat, Wasserlinse, Liguster (nur als Zierpflanze im Garten, nicht essbar), Weiße Lilie (nicht essbar), Pfennigkraut, Brunnenkresse, Muskatnuss, Seerose (nicht essbar), Weidenbäume, Steinbrech, Scharfer Mauerpfeffer (nicht essbar), Linde, Ehrenpreis, Immergrün (nicht essbar), Fetthenne.

Zauberorte des Aprils: Flüsternde Gräber

Es heißt, wenn ein Mensch stirbt, verströmt seine zurückgelassene Materie Sternenkräfte, die einst seinen Körper zusammenhielten und mit dem Hauch des Lebens erfüllten. Durch jedes Sterben erhält die unmittelbare Umgebung neue Energieimpulse. Gräber sind mystische Orte mit einer besonderen Ausstrahlung, die dem darauf Weilenden Kontakt zum Göttlichen, tiefe Ruhe, heilende Kräfte, aber auch stärkende Energien vermitteln kann. Sie sind außerordentliche Kraftspender, denn viele Menschen finden hier neben Trost auch neue Kontakte zum Reden und Weiterleben. Und solche Orte sind immer heilend und somit auch Wunderorte.

Probiere es aus. Laufe durch die Grabreihen, lies die Namen, Geburts- und Todestage, schau die Grabsteine an. Mal sind es Engel, mal Kreuze, dann wieder Natursteine, sogar Sphinxe oder kleine Tempel können es sein. Sie alle halten kleine Botschaften für dich bereit. Lausche ihnen. Welche Geheimnisse bergen sie? Findest du Fotos der hinübergegangenen Seelen? Schaue sie genau an. Sie erzählen so viel über den Menschen, der dich in diesem Moment zu sich ruft und dir ein kleines Geheimnis zuflüstern möchte.

Die magischen Wesen des Aprils: Zwerge – Zauberboten aus den Tiefen der Erde

Zwerge sind menschengestaltige, kleinwüchsige Naturwesen, die meist in Erdhöhlen oder im Gebirge unter den Bergen und Felsen leben. Sie gelten als Hüter aller Schätze und Bewahrer allen kosmischen Wissens. Davon zeugen auch ihre Namen wie Alvis, der Allwissende, oder Wit, der Kluge. Wir kennen sie alle, besonders hier in Deutschland stehen sie in vielen Gärten mit weißem Bart, roter Zipfelmütze, einem verschmitzten Lächeln und meistens mit einem Spaten oder einem anderen Werkzeug in der Hand. Sie sorgen für die hohe Wirkkraft von Heilpflanzen und Heilkräutern, gießen fleißig deren Wurzeln, wischen die Staubpartikel der Luft von den saftigen Beeren und trösten die Pflanzen, wenn sie einmal kränkeln oder ihren Lebenshauch zu verlieren scheinen. Zwerge sind die Seele jedes Gartens, mit der du automatisch Kontakt aufnimmst, wenn dir ein Lächeln über das Gesicht huscht, du dich an den Regenbogenfarben der Blumen nicht sattsehen kannst und am liebsten jedes Gewächs umarmen wolltest. Als gute Freunde der Maulwürfe helfen sie diesen beim Bau ihrer Hügel, damit du frische, lockere Erde mühelos direkt von der Wiese in den Blumenkasten füllen kannst. Sie verwandeln deinen Garten zu einem magischen Ort, an dem du deine Lebenskräfte wieder auftanken lernst, deiner Selbstwahrnehmung begegnest und dem wahren Sinn deines Lebens in die Arme läufst.

Mit großem Eifer halten die kleinen Erdwesen deine familiären Wurzeln hoch, die sie die ganzen Jahre gepflegt haben, in der Hoffnung, dass du sie eines Tages anschauen und deine wahre Identität entdecken wirst. Fragen, die in deinem innersten Kern oft jahrzehntelang ruhen, gelangen plötzlich an die Oberfläche: »Wer bin ich? Was kann ich? Welche Aufgabe habe ich in diesem Leben? Welche Kompromisse lenken mich von den Pfaden zu meiner wahren Bestimmung immer wieder ab?« So bringen diese kleinen Helfer die Welt des Unsichtbaren in dein Leben und verwandeln sie zu sichtbaren Bildern für deine feinstoffliche, sinnliche Wahrnehmung. Bedanke dich bei ihnen mit kleinen Gaben. Stelle ihnen abends eine brennende Kerze in den Garten oder auf den Balkon und daneben ein Glas Bier, das lieben diese niedlichen Helfer am allermeisten. Sie werden es dir mit einer reichen Ernte und einer zaubervollen Blütenpracht honorieren.

Räucherstoff für den April:
Salz – tiefste Verbindung zur Erdenseele

Seit Jahrtausenden räuchern die Menschen kostbares Salz, das weiße Gold der Erde, der Überrest verdampfter Urmeere. Seine magische Energie verbindet dich mit der göttlichen Quelle, der Erschaffung der Erde und den ewigen Daseinsformen deiner Seele. Es speichert all deine Gedanken und Gefühle und lädt dich ein, die wilden Landschaften der Erde kennenzulernen, um dich selbst darin wiederzufinden: dein wahrhaftiges und tiefes, wildes und freies Selbst. Finde die Stille der Wüste, die Weisheit der Wälder, die Sehnsucht der Flüsse und Meere, die Festigkeit der Berge oder die Sinnlichkeit der Graslandschaften. Der Rauch des Salzes rät dir, deine Seele anzuschauen, die der Erde entsprungen ist, die du wieder mit ihr verbinden musst, wenn du ganz und heil sein möchtest. Die Natur hat deine Seele geprägt, du spürst es in jedem Moment deiner Streifzüge durch Midgard. Das Salz ordnet dir Eigenschaften zu wie den Wüsten die Stille, den Wäldern die Verwurzelung, den Gewässern die Tiefe, den Bergen die Achtsamkeit oder dem Grasland die Zugehörigkeit.

Im Alten Testament befahl Gott den Menschen, jedem Rauchopfer Salz zuzufügen, damit die geistige Kraft nicht schwindet und die Gedanken klar bleiben. Dies ist die kosmische Energie, gespeichert in dem Salz der Berge und der Meere, als Baustein des Lebens, ohne den unsere Organe nicht funktionieren würden. Räuchere Salz für Wohlstand und Erfolg, für immerwährende Lebenskraft, Läuterung und ewige Verbindung mit den kosmischen Kräften.

Zauberinstrument im April:
Kupfermesser – Quelle der Inspiration

Kupfermesser sind nicht nur Symbole für das menschliche Überleben, sondern gelten auch als scharfe Schneide für das menschliche Bewusstsein. Durch den eisenfreien Werkstoff sind die Messer nicht nur zum geschmacksneutralen Ernten von Pflanzen geeignet, sondern garantieren auch die heilende Wirkung der Pflanzen. Denn nach altem Volksglauben vertreibt Eisen die gesundheitsfördernden Kräutergeister, während das wärmende Kupfer sie regelrecht anzieht. Im Symbol des Messers ist die Polarität (Pole sind die zwei gegenüberliegenden Enden derselben Sache, untrennbar zu einer Einheit verbunden. Sie bedingen einander: heiß und kalt; kein Reichtum ohne Armut et cetera) sehr deutlich erkennbar: Ein Kupfermesser kann hilfreich sein, aber auch zerstörerisch und todbringend, je nachdem, wer es in der Hand hält und wozu es verwendet wird. Ein Messer kann trennen, abschneiden, teilen, aber auch befreien und entbinden. Die Nabelschnur des Neugeborenen wird mit einem Messer oder einer Schere durchtrennt. Es dient der Nahrung und dem Schutz ebenso wie dem Heilen und dem Töten. Es hat mit Aktivität, Stärke, Trennung, Teilung, Entscheidung, Grenzziehung, Befreiung zu tun. Die Schärfe und die Spitze ist beim Messer wichtig, wobei die Schärfe eher Trennung und Teilung anspricht, und die Spitze mehr für Angriff und Verteidigung steht. Das Zaubermesser aus dem rötlich-goldenen Metall versinnbildlicht den Intellekt, der Überflüssiges vom Wesentlichen unterscheiden kann. Wenn es heißt, dass jemand einen messerscharfen Verstand hat, bedeutet dies, dass derjenige sehr klar und analytisch (zerlegend) denken kann.

Kupfer ist ein wichtiges Spurenelement, also ein lebenswichtiges Element, das nur in geringen Mengen, also Spuren, vorkommt, welches im menschlichen Körper zur Bildung der roten Blutkörperchen, aber auch für das Immunsystem und zur Wundheilung beiträgt. Es gehört zu den ersten Metallen, die Menschen mit einfachen Mitteln gewinnen und verarbeiten konnten. So verbindet dich ein Kupfermesser mit deinen Urahnen, ihrem geheimnisvollen Geist, ihrer vitalen Inspiration und überschwänglichen Lebenskraft.

Brauchtum im Monat der Kraft und Lebensfreude

Im April faszinieren uns frühlingshafte Sonnenstrahlen mit ihren magischen Kräften auf unser Gemüt, über die ersten bunten Blüten in der Natur, die unsere Sinne beflügeln, und über die länger werdenden Tage, die den Reichtum unseres Empfindens maximieren. Der April lässt das Lebensgrün sprießen, die Natur erwacht über Nacht aus ihrem Winterschlaf und überdeckt das ganze Land mit einem gelb-grünen Frühlingskleid. Obstbäume schlagen aus und blühen in paradiesischen Farben. Einige Zweige davon in einer Vase gestellt, verzaubern die Stube in einen magischen Garten Eden.

Der April ist die Zeit, um den Frühling endgültig in unserem Leben zu begrüßen, uns den Frühlingsgeistern zu öffnen, das Wachstum zu feiern und uns an der nun wieder sprießenden Natur zu laben.

Neun-Kräuter-Suppe - Lebenselixier aus magischen Zauberkräutern

Im April erwacht die Lebensfreude. Die Natur explodiert, überbordendes Grün schießt über Nacht aus der Erde – nun ist es Zeit für eine Neun-Kräuter-Suppe. Ziehe hinaus zu den erwachenden Pflanzen. Rede und kommuniziere mit ihnen, dann spürst du, dass sie nicht nur einen Körper haben, sondern auch so etwas wie einen Geist und eine Seele. Bedanke dich bei ihnen, wenn du sie pflückst. Erzähle ihnen davon, dass du sie nun für eine köstliche Speise verwendest, um ihre Energie zu erfahren, die in dir weiterleben wird. Gerne sind sie bereit, dir ihre kosmischen Kräfte zu schenken, und freuen sich, wenn du in wenigen Tagen oder Wochen wieder vorbeischaust, denn sie brauchen zum erneuten Austreiben nicht lange und garantieren dir während der gesamten Vegetationsphase einen vollen Teller.

Rezept für die Neun-Kräuter-Suppe

DU BENÖTIGST:	SO GEHT ES:
je ½ Handvoll Brennnesseln, Giersch, Wegerich, Löwenzahn, Sauerampfer, Wiesenbärenklau, Spitzwegerich, Vogelmiere, Bärlauch *1 Zwiebel* *2 Knoblauchzehen* *3 Kartoffeln, mehligkochend* *30 g Butter* *1 l Gemüsebrühe* *1 EL Crème fraîche* *Salz, Pfeffer und Muskatnuss zum Abschmecken* *Gänseblümchen zum Garnieren*	Wasche die Kräuter und schneide sie dann fein. Schäle die Zwiebel und die Knoblauchzehen und hacke diese klein. Schäle die Kartoffeln, wasche sie kurz ab und schneide sie in Scheiben. Zerlasse die Butter in einem Topf und dünste darin die Zwiebeln 5 Minuten an. Füge den Knoblauch und die Kartoffeln hinzu, dünste diese auch kurz an und gieße dann alles mit der Gemüsebrühe auf. Lasse die Suppe 10 Minuten kochen. Füge nun die frischen Kräuter hinzu und püriere sie dann mit dem Mixstab. Rühre anschließend die Crème fraîche unter und schmecke die Suppe danach nach Belieben mit Salz, Pfeffer und geriebener Muskatnuss ab. Wasche die Gänseblümchen, schüttle sie trocken und garniere deine Suppe mit den schönen Blüten.

Diese Speise vereinigt dich mit den Zauberkräften der Natur. Jeder Löffel ist pure Medizin, pure Sternenenergie, pure Sonnenkraft und eine energetische Reise zu den kosmischen Informationen, die das All durchfluten und jedes grüne Kraut durchwehen.

Ostern

Ostern feierten schon die alten Waldvölker, wenn sich die Schneemassen zurückzogen, Flüsse und Bäche von Eis befreit waren und neue Hoffnung sowie neues Glück die Menschenseelen zum Aufatmen brachten. Mit üppigen Feierlichkeiten und überschwänglicher Lebensfreude begrüßten sie die warmen Sonnenstrahlen. Das Fest konzentriert sich *auf die Himmelsrichtung Osten, dort, wo die Sonne jeden frühen Morgen erwacht und die Finsternis besiegt.* Es ist das Fest der Morgenröte, die vor vielen Tausend Jahren schon als eine junge Göttin gesehen wurde, die über die Fruchtbarkeit der Natur wachte und mit ihrem Licht und ihrer Wärme das Lebensgrün aus der Erde lockte. Sie garantierte den Völkern ein weiteres Jahr des Überlebens in einer Zeit, die von vielen Ängsten und Hungersnöten gekennzeichnet war, wenn der Winter sehr lange währte und alle Vorräte sich dem Ende zuneigten. Mit verschiedenen Frühlingsfesten und Ritualen dankten die Menschen der Göttin für eine neue fruchtbare Vegetation, die das Überleben sicherte.

Ob in der Wohnung, im Garten oder im öffentlichen Park, an Ostern gibt es bei Kindern heute einen priorisierten Programmpunkt: die Eiersuche! Das Verstecken, Suchen und Finden gehört zum Fest einfach dazu. Doch woher kommt der Brauch zum Osterfest und warum werden ausgerechnet Eier an Ostern versteckt? Schon vor dem Christentum galt das Ei als Sinnbild für Fruchtbarkeit und neues Leben. In der heidnischen Kultur wurden Eier im Frühjahr zu Ehren der Frühlingsgöttin Ostara verschenkt. Denn obwohl das Ei von außen kalt und unbelebt wirkt, schlummert in seinem Inneren neues Leben. Ab einem bestimmten Zeitpunkt brachte der Hase die Eier, da er zum Symbol für Fruchtbarkeit und neues Leben in der Natur geworden ist.

Ab Ostern entdeckst du das Leben in einem völlig anderen Licht und erlebst den Zauber eines Anfangs. Jeder Neubeginn birgt neue Möglichkeiten und neue Impulse – eine großartige Gelegenheit, wieder neu anzufangen, ein neues Kapitel im Buch deines Lebens aufzuschlagen.

30. April: Walpurgisnacht – Vertreibung der Winterdämonen

Der Legende nach ist die Walpurgisnacht, die im christlichen Glauben der Äbtissin Walburga geweiht ist, ein Frühlingsfest zu Ehren des Gottes Wotan und der Göttin Freya. Diese beiden sollen zusammen in den dunklen, finsteren Stunden den Frühling gezeugt haben. Diese mystische Nacht wurde bereits in der vorchristlichen Zeit in der keltischen Kultur neun Tage lang ausgelassen gefeiert, denn damals zelebrierte man das Ende der Winterzeit und der Frühling wurde eingeläutet. Dazu wurde und wird bis heute in der Nacht vom 30. April auf den 1. Mai ein Feuer entfacht, mit dem die Wintergeister – Hexen und Dämonen – vertrieben werden sollen. Ist das Feuer heruntergebrannt, findet in einigen Gegenden der Maisprung statt, ein Brauchtum, bei dem es üblich ist, wie die Hexen auf dem Brocken im Harz gegen Mitternacht über das Feuer zu springen, um vom Winter in den Frühling zu gelangen. Vielerorts tanzt man in den Mai hinüber und feiert ausgelassen bis in die Morgenstunden.

Diese Fröhlichkeit wirkt wie ein Lebenselixier auf deine Seele, gibt ihr Kraft und begeistert sie, zu existieren und zu sein. Um gegen Hexen, Dämonen und übelmeinende Energien vorzugehen, bereitest du am besten eine wirkungsstarke Bärlauchsuppe zu. Dieses Zauberkraut mit seinem prall gefüllten Speicher voller Sonnenergie, bekannt als Waldknoblauch, findest du in den mystischen Tiefen unserer Laubwälder. Die Zubereitung dafür entspricht jener der Neun-Kräuter-Suppe. Einziger Unterschied: Du verwendest ausschließlich Bärlauchblätter und kein weiteres Kraut.

Mai – MONAT DER FRUCHTBARKEIT UND LIEBE

„Das Jahr fruchtbar sei, wenn's viel donnert im Mai.“

Das Geheimnis des Monatsnamens und der Zahlenmystik im Mai

Der Name des fünften Monats im Jahr geht auf die römische Fruchtbarkeitsgöttin Maia zurück. Wegen des oft schönen Wetters und der angenehmen Temperaturen ist der der Mai im Volksmund auch als Wonnemonat oder Wonnemond bekannt. Weitere Bezeichnungen lauten Blumenmond und Marienmond.

Im Mai durchströmt die Energie der magischen Zahl Fünf deinen Geist. Mit den zweimal fünf Fingern deiner Hände, den zweimal fünf Zehen deiner Füße, den fünf Körperteilen Beine, Arme, Hals, Rumpf und Kopf und deinen fünf Sinnen Riechen, Schmecken, Fühlen, Sehen, Hören entdeckst du im ersten warmen Frühlingsmonat Mai die Welt, begreifst sie im wahrsten Sinne des Wortes und erkennst dich als wichtiges und einzigartiges Element im unendlichen Kosmos. Gleichzeitig lässt dich die Zahl Fünf deinen göttlichen Auftrag samt den Weg seiner Erfüllung erspüren. Auch der griechische Mathematiker Pythagoras ließ dieser geheimnisvollen Zahl mit seinem Erkennungszeichen, dem Pentagramm (Fünfstern), eine hohe Bedeutung zukommen, symbolisiert es doch den Goldenen Schnitt, eine der bekanntesten und zugleich schönsten Proportionsregeln in der Mathematik und im Design. Er geht bis in die griechische Antike zurück und wirkt auf unser Auge besonders harmonisch. Du findest den Goldenen Schnitt unter anderem in der Kunst, in der Fotografie und in der Architektur. Auch in der Natur triffst du immer wieder auf ihn, beispielsweise in der Anordnung von Blättern und Tannenzapfensamen. Die Blätter wachsen so, dass sie gleichmäßig verteilt sind und keinen Schatten auf andere Blätter werfen. Das ist etwa bei spiralförmig angeordneten Blütenständen, beispielsweise bei einer Sonnenblume, der Fall. Es ist also nicht verwunderlich, dass viele Künstler, Designer und Architekten diese Eigenschaft sich für ihre magischen Bauten (Petersdom in Rom, Kölner Dom, Cheopspyramide) nutzten.

Gottheit des Maies: Freya – mächtigste Göttin der Zauberkraft

Freya, die wichtigste Göttin der Germanen, gilt als die Göttin der Fruchtbarkeit und des Frühlings, des Glücks und der Liebe sowie als Lehrerin des Zaubers. Freya ist außerdem als die Sonnenmutter bekannt. Ihr von Zwergen geschmiedeter goldener Halsreif Brisingamen ist ein Symbol für die Sonne, die sie jeden Morgen wiedergebiert. Freya besitzt neben dem Brisingamen einen von zwei Waldkatzen gezogenen Wagen und ein Falkengewand, mit dem sie wie ein Falke durch die Lüfte gleiten kann, außerdem den Eber Hildisvini, der ihr als Reittier dient.

Freya gehört den Wanen an, die Meister der Zauberei und des Schamanismus sind. Daher gilt sie als die Schutzherrin der Hexen und Priesterinnen. Da sie als göttliche Schamanin mit der Geister- und Totenwelt in Verbindung steht, gilt sie zudem als die Jenseitsgöttin. Zudem ist Freya eine Walküre und eine Kriegerin. Als Priesterin,

Zauberin und Heilerin steht sie dir mit ihrer Magie, ihrer Visionskraft und Weisheit bis heute zur Seite, unterstützt tatkräftig deine Selbstliebe und lehrt dich, deine eigenen Bedürfnisse wahrzunehmen.

Zaubermetall für den Mai: Quecksilber- Metall der magischen Heilung

Quecksilber (Mercurius) heißt im Lateinischen *Argentum vivum* und bedeutet »lebendiges Silber«. Es wird mit dem Planeten Merkur verbunden, der in der Mythologie auch als Götterbote und großer Meister der Alchemie hervortrat. Er kann als einzige Gottheit zwischen den Welten reisen. Diese Eigenschaft zeigt auch das Quecksilber: Bei Raumtemperatur oder Erschütterung zerfällt es zu silbrig glänzenden Kügelchen, die in kürzester Zeit sogar als unsichtbarer Dampf aufsteigen können. Als einziges flüssiges Metall hat Quecksilber durch seine besondere Zustandsform eine Vermittlerstellung inne. Es kommuniziert zwischen Seele, Geist und Materie und symbolisiert Kommunikation, Beweglichkeit, Intellekt, Logik, Sprache, Schrift sowie Schlagfertigkeit und Forschergeist. Mercurius wirkt im menschlichen Organismus auf die Atmungsorgane, die Sinnesorgane und die Nerven sowie auf Verdauung, Haut, das Hormonsystem, die Bewegung und die Kommunikation. Quecksilber ist giftig, weshalb unser Nervensystem dafür besonders anfällig ist. Doch in homöopathischer Dosierung wird es als Heilmittel verabreicht, um seelische Zustände wie Ruhelosigkeit oder Anspannung zu behandeln. Laut Paracelsus besitzt Mercurius die Macht, den ganzen Körper zu erneuern, ihn frisch und munter zu erhalten während seines irdischen Abenteuers.

Es existiert auch ein geheimnisvolles Kraut, das im symbolischen Kontakt mit dem mystischen Metall steht: die Brunnenkresse. Ständig umflossen von Wasser, steht dieses Grün im fortlaufenden Fluss dieses Urelements, das wie das Quecksilber durch unterschiedlichste Seinsebenen fließt und sogar Mercurius aus dem Körper leiten kann. Daneben wirkt auch Nebel wie die Dämpfe des mystischen Metalls. Im Volksglauben und in Mythen wurden Nebelschwaden über Seen, Landschaften, durch Straßen und Moore als Auftauchen und Gegenwart höherer Mächte gedeutet. Zugleich können die Nebelschleier auch ein Übergangsstadium symbolisieren, einen Wechsel von einem Bewusstseinszustand in einen anderen, wie das Quecksilber, das von einem festen Aggregat zu einem flüssigen oder gasförmigen beliebig wechseln kann.

Pflanzenmagie des Maies: Löwenzahn und Ackerschachtelhalm – heilende Sonnenkräuter

Im Mai überdeckt ein Meer von goldgelben Löwenzahnblüten die grünen Wiesen unter der warmen Frühlingssonne. Löwenzahn ist ein wahres Kraftpaket unter den Heilpflanzen der alten Volksmedizin. Seine Wurzel, Blätter, Blüten und sein Stängel stärken die Zähne, schärfen die Augen, fördern die Verdauung, beleben die Funktion der Leber und erfrischen die Haut – ein magisches Lebenselixier mit kosmischen Kräften. Lege dich auf eine Löwenzahnwiese, schließe die Augen, atme tief durch und vereine dich mit dem Geist dieses Pflanzenjuwels. Der Löwenzahn wird zu dir sprechen und dir seine Geheimnisse verraten. Achte auf deine Gedanken, deine Gefühle, den Duft der Pflanze, und vielleicht nimmst du auch einen Klang wahr. Notiere all deine Empfindungen in einem kostbaren, goldberandeten Notizheft, so zehrst du ewig von der kostbaren Botschaft seiner Seele.

Löwenzahn-Smoothie

DU BENÖTIGST:	SO GEHT ES:
1 Handvoll Löwenzahnblätter *½ Apfel* *¼ Salatgurke* *1 Banane*	Wasche die Löwenzahnblätter und schüttle sie trocken. Wasche den Apfel und die Gurke und schneide beides in kleine Stücke. Schäle die Banane und zerkleinere sie.

Gib alle Zutaten in einen Standmixer und püriere sie zu einem Smoothie. Sollte er nicht flüssig genug sein, gib so viel frisches Quellwasser hinzu, wie du möchtest.

Wegränder, Ufer von Flüssen und Bächen sowie andere feuchte Plätze, die dir einen Hauch von Ewigkeit einflüstern, sind die Heimat des Ackerschachtelhalms. Diese Urpflanze aus der Zeit der Dinosaurier ist eine wertvolle Quelle für Kieselsäure, die deine Knochen festigt, deine Haare und Nägel glänzend und fest erhält und dir eine gesunde Haut garantiert. Die Kraft, Magie und Weisheit dieser alten Heilpflanze verzaubert die Seele der Landschaften seit 300 Millionen Jahren. Bei deinen Streifzügen durch Midgard, die beseelte Wildnis, wirst du Kontakt mit dieser Pflanze aufnehmen, sie erkennen, spüren und ihr offen, vorbehaltlosen Herzens begegnen. Schon im April streckt der Ackerschachtelhalm seine schuppige, creme-beigen, schlanken, spargelähnlichen Triebe der Sonne entgegen. Dann kannst du diese Triebe wunderbar in Butter dünsten und mit Reis zu einem magischen Mittagessen genießen.

Baum des Maies: Ulme – Baumfrüchte als Medizin der Erde

Die Seele der Ulme spürst du am intensivsten in magischen Moorgebieten, Sümpfen und Auenwäldern, wo Zauberwesen wie Sylphen und Elfen sich von Blatt zu Blatt schwingen, wo du das Schwingen des Moorbodens unter den Füßen spürst, seltene Orchideen bestaunen, Blaukehlchen beim Balzflug beobachten kannst und in den Spiegel deiner Seele schauen lernst. Lasse dich im Wonnemonat Mai von den köstlichen Früchten dieses Zauberbaumes verwöhnen, die in großen Büscheln an den Ästen sitzen und zu den Lieblingsspeisen der unsichtbaren Waldfeen gehören.

Nach den Hauptwerken magischer Künste suchen sich Ulmen ihre Bewunderer nach dessen Würde, Ausstrahlung, Intuition und magischem Geschick aus. Ihr Geist bewahrt das Wissen, wie man diese Eigenschaften zu voller Blüte bringen kann. Der Geist von Ulmen ist sehr sensibel und hütet den Schlüssel zu geistigem Erwachen, Empathie, schöpferischer Kreativität und edler Gesinnung. Selbstständigkeit, Weisheit, Entschlossenheit und Gerechtigkeit sind die Leitmotive der Ulme im Leben. Im antiken Griechenland war die Ulme Hermes, dem Schutzgott der Reisenden, Kaufleute und Hirten geweiht. Als Bote der Götter und Vermittler zwischen den Göttern und Sterblichen geleitete er die Seelen der Verstorbenen in die Unterwelt, das Reich der Andersweltlichen, begleitet von im Wind schwebende Ulmenfrüchten. Nach dem Glauben der Germanen fanden Götter am Meeresstrand die kraftlosen Stämme einer Esche und einer Ulme. Sie hauchten ihnen Lebensatem, Wärme und Geist ein und schufen so aus ihnen Menschen – Mann (Esche) und Frau (Ulme).

Bis heute versucht man, mithilfe von Ulmen bösen Zauber abzuwehren. Zu diesem Zweck nähst du dir Rindenstücke der Ulme in die Kleidung und befreist dich auf diese Weise mit geistiger Klarheit und einem gesunden Maß an Selbstbewusstsein aus den Fängen übelmeinender Energien.

Krafttier des Maies:
Dachs – Künstler der Heilung und des Lebensmutes

Der Dachs lehrt dich, deine Angelegenheiten mit bemerkenswertem Mut, unbeirrbarer Hartnäckigkeit und unerschöpflicher Energie zu verfolgen. Er regt dich dazu an, deine Probleme mit unkonventionellen Maßnahmen zu lösen und dabei dein grenzenloses, kreatives Potenzial zu aktivieren. Nachts, wenn alles schläft, huscht er über Straßen und sucht nach menschlichen Seelen, die seine Stärke erkennen, die er überzeugen kann, von der Kreativität ihres Unterbewusstseins zu schöpfen. Nach seinem Ableben hinterlässt er den Menschen sein schwarz-weißes Fell, in dem laut Hildegard von Bingen die Kraft des Löwen steckt. Sie empfiehlt, daraus Schuhe und Stiefel zu fertigen, um

Beine und Füße gesund zu halten. Des Weiteren empfiehlt sie, es bei Nerven-, Muskel- und rheumatischen Gelenkschmerzen, Arthrose, kalten Füßen, Durchblutungsstörungen, Nierenschmerzen, Rückenschmerzen, Kopfschmerzen, Hexenschuss, Gicht, Ischias sowie allgemein zur Schmerzbehandlung. So sprach die Äbtissin schon vor 1000 Jahren: »Mach einen Gürtel daraus und umgürte die nackte Haut und alle Krankheit wird in dir aufhören und keine gefährliche Krankheit wird dich in dieser Zeit befallen.«

Planet des Maies: Merkur – Planet der Leichtigkeit

Merkur wirkt kräftig auf die langen Tage und kurzen Nächte im Wonnemonat Mai. Mit Leichtigkeit meistert er die Herausforderungen in dieser Zeit. Er unterstützt die innere Einkehr und hilft, die Vergangenheit zu bewältigen. Als Gott, der alle Wege kennt, fördert er die alternative Herangehensweise bei der Ursachenforschung von ungelösten Schwierigkeiten vergangener Geschehen. Die Seele freut sich auf seine Unterstützung, kann sie doch mit seiner Hilfe triumphierend in die Zukunft schauen. Merkur verstärkt die übersinnlichen Fähigkeiten und ermöglicht die Kommunikation des Unterbewusstseins mit den kosmischen Botschaften, die dich ständig umgeben, die du aber nur selten wahrnimmst. Er gilt als Symbol für Verstand, Vernunft, Intellekt und Logik. Damit verkörpert er die fünf Sinne (Hören, Schmecken, Fühlen, Sehen, Riechen), mit denen du die Welt wahrnimmst. Des Weiteren personifiziert er den Archetypus, das Urbild des inneren Kindes, unseres Genius, der auch als das göttliche Kind in uns bezeichnet wird. Bei guter Pflege verhilft er dir zu Ichstärke, also zu Authentizität, Kreativität, Spontaneität sowie vor allem auch zu echter Beziehungsfähigkeit und damit zu Vitalität und Gesundheit. Merkur speichert alle Momente, wie du die Welt als Kind erlebt hast und was dir in emotionaler Hinsicht Halt und Heimat gibt. Bedenke:

Wenn du die Bedürfnisse deines inneren Kindes missachtest, verlierst du mit der Zeit den Zugang zu deinen Gefühlen und somit zu einer Ebene, die dich mit Energie versorgt und dir hilft, deine Selbstheilungskräfte zu aktivieren, um zu gesunden.

Mit den Merkurpflanzen kannst du einen Moment lang einfach innehalten, wenn die Gedanken sich im Kreis drehen und du nicht zur Ruhe kommst. Sie erwecken deine Achtsamkeit, die dich den Augenblick bewusst wahrnehmen lassen. Zusätzlich rütteln sie deine Neugier wach, eine deiner wichtigsten Eigenschaften. So wirst du offener für neue Erfahrungen, lernst schneller, arbeitest gewissenhafter, hast mehr positive soziale Erlebnisse und bist erfolgreicher: Knoblauchkraut, Dill, Sellerie, Eberraute, Wermut, Hafer, Bergminze, Ackerminze, Kümmel, Endivie, Haselnuss, Möhre, Fenchel, Alant, Geißblatt, Majoran, Alraune, Maulbeere, Myrte, Dost, Pastinake, Petersilie, Anis, Salbei, Gamander, Huflattich, Baldrian.

Mit einer Räuchermischung aus 1 Teil Dammar, 1 Teil Mastix, 1 Teil Muskatblüten, 4 Teilen Lavendel, ½ Teil Weißem Salbei und 1 Teil Hopfendrüsen aktivierst du seine kosmische Unterstützung besonders zur Mitte der Woche, sprich an einem Mittwoch, jenem Tag, der dem Merkur gewidmet ist.

Zauberorte des Maies: Klöster – Orte der inneren Einkehr

Über Jahrhunderte prägten Klöster das Erscheinungsbild von Innenstädten, Landschaften und sogar Felsvorsprüngen – vor allem mittelalterliche Klöster durch ihren verwunschenen Baustil, der Botschaften von Auftraggebern und Architekten verbirgt. Entdecke die zu Stein gewordenen Mysterien dieser sakralen Gebäude, in denen sich viele Menschheitsfragen spiegeln und manches Rätsel der Geschichte verschlüsselt ist.

Klöster sind mystische Rückzugsorte, die der Entschleunigung und Verinnerlichung dienen. Das äußere Leben tritt in den Hintergrund und der Blick richtet sich nach innen. Exerzitien, Besinnung und Meditation gehören zum typischen Klosterleben. Probiere es aus. Gehe zu den Nonnen und Mönchen, sie weisen dich ein in eine faszinierende Gedankenwelt, eine magische Lebensform.

Einmal alles sein lassen, loslassen, der leisen Stimme des Herzens lauschen, sich mit der Natur verbunden fühlen. Spüre die besondere Oase des Friedens, der Inspiration, der Kraft und Stille, der Konzentration und Ausrichtung auf dich selbst, die das Wesentliche unterstützt. Mit der ruhigen Atmosphäre eines Klosters, seiner edlen und schlichten Eleganz und der naturnahen Umgebung bietet dieser Ort einen würdigen Rahmen für einen Prozess bewusster Entsagung weltlicher Unterhaltung und Ablenkung. Entspanne, komme zur Ruhe, sammle neue Kräfte, finde deine innere Mitte, erfahre das Göttliche. In einer laut gewordenen und hektischen Welt führt dich der Geist des Klosterlebens zurück zu deinen wahren Bedürfnissen. Wandele unter den Kolonnaden dieser Prachtbauten, in ihren Gärten und durch ihre dunklen Flure – fühle, wie du die Schwelle in ein anderes Reich überschreitest, nimm den magischen Ort wahr, der dich auf Schritt und Tritt in deine eigene Bestimmung einweihen möchte.

Die magischen Wesen des Maies: Feen – Zaubergeister mystischer Gewässer

Feen bewohnen Quellen und Brunnen, Flüsse und Seen. Du erkennst sie an ihrem hellen grasgrünen Seidenkleid, langen blonden wie dunklen Haaren und ihrer überirdischen Schönheit. Meistens bleiben sie für dich unsichtbar und treiben gerne mit dir

Schabernack. Reckt eine Blume dir ihr Köpfchen entgegen, winkt dir ein Baum mit seinem Ast zu oder schwebt eine Feder vor deinen Füßen zu Boden, dann senden die Feen dir Botschaften aus ihrer Welt. Nach keltischen Legenden kamen die Feen früher in den Zaubernächten von Samhain und Beltane, wenn die Schleier zwischen den Welten als sehr durchlässig galten, in die Welt der Menschen, wo sie mit ihnen auf zauberhaften Wiesen voller leuchtender Blumenkelche und saftiger Früchte ausgelassen feierten und tanzten.

Meditierst du im Frühling unter Kirsch- und Apfelbäumen, magisch angezogen von ihren weißen und rosafarbenen Blütenblättern, dann öffnen sie dir die Pforten zu ihrem Feenreich. Wähle einen sonnigen Vormittag dafür aus. Tauche mit allen Sinnen in das magische Blütenmeer dieser Fruchtbäume ein. Bald wird sie erscheinen, die Feenkönigin. Sie deutet dir an, sich hinter sie auf ihr anmutiges weißes Pferd zu setzen, und schnell wie der Wind reitet sie mit dir unter dem sanften Klang silberner Glöckchen über das Land. Schon bald wirst du die Grenzen der Menschenwelt überschreiten und auf einem schmalen Pfad, vorbei zwischen baumgroßen grünen Farnen und ebenso mächtigen purpurfarbenen Fingerhüten, unter hohen, schattigen Bäumen hindurchreiten: Dies ist der Weg ins Feenreich. Du erfährst, wie du deinem göttlichen Wesen wieder näherkommst. Folge den lichtvollen Hinweisen dieser Zauberwesen, und du gelangst in den eigenen Garten Eden. Was fühlst du gerade? Lasse die Kraft der Erde in dir aufsteigen. Was liebst du an dir selbst? Wer bist du wirklich, wenn du Ja zu dir sagst? Was würdest du heute tun, wenn du keine Angst hättest? Was würdest du tun, wenn du frei von Pflichten wärst? Was würdest du erleben wollen, wenn du nur noch einen Monat auf unserer Erde weilen dürftest?

Räucherstoff für den Mai: Styrax – Wunderenergie

Unter Styrax versteht man Holzkohlestückchen, die mit *Liquidambar orientalis*, dem Harz des Amberbaumes, getränkt sind, da der flüssige Baumsaft in dieser Verbindung seinen magischen Wohlgeruch am besten verströmt. Ebenso kann auch Styraxbaumrinde verräuchert werden, die ähnlich stark duftet. Dieses Harz war in der Antike einer der wichtigsten Räucherstoffe bei Festmählern in den königlichen Tempeln. Im Zauberpapyrus Abraxas vom 4. Jahrhundert unserer Zeitrechnung wird Styrax unter den Räucherstoffen mit höchster magischer Wirkung aufgeführt und als Mittel für tiefen Schlaf empfohlen.

Styrax stärkt das Selbstvertrauen und weckt den Ehrgeiz zur Erreichung wichtiger Lebensziele. Es löst seelische Verspannungen, gleicht Angstzustände aus und wirkt harmonisierend bei Ärger und Reizbarkeit. Als Diplomatenharz bei schwierigen Verhandlungen wirkt es wahre Wunder. Beim Räuchern löst sich ein balsamisch, zimt-süßer, harzig-blumiger, intensiver, vanilliger Duft, der verzaubert, verführt und sogar entrückt. Seine süße, sinnliche, erotische und verführerische Note macht ihn in Verbindung mit Rosenblüten zu einer exklusiven Liebesräucherung.

Zauberinstrument im Mai: Zauberstab – erwecke deine Intuition

Ein Zauberstab lenkt die speziellen magischen Energien in die gewünschte Richtung und hilft dabei dem Anwender, hartnäckig seine Ziele zu verfolgen und sich nicht von seiner Überzeugung abbringen zu lassen. Er stärkt deine Intuition und entwickelt dich zu einer außergewöhnlichen, tugendhaften Persönlichkeit. Er kann verborgene Fähigkeiten an die Oberfläche bringen und entdeckt das große Potenzial deiner Möglichkeiten. Außerdem symbolisiert der Zauberstab den Willen des Zaubernden. Der Zauberstab wird vornehmlich dazu benutzt, Magie zu wirken, also zu zaubern. Dabei kann er einerseits zum Anvisieren eines Ziels genutzt werden, andererseits auch zum Kanalisieren von magischen Energien. Die direkte Berührung mit dem Zauberstab kann bereits den magischen Effekt einleiten lassen. Man glaubte früher, so eine reale metaphysische Macht in der Hand zu haben, einen gefährlichen Geist gegen alle Feinde. Der Zauberstab hatte einen suggestiven Wert für die Eigentümer.

Der Zauberstab soll Gesundheit und Glück sichern und Unglück abwenden. Zudem kann er auch zum Wiederfinden verlorener Gegenstände dienen. Er wirkt gegen den bösen Blick, gegen Flüche, zur Abwehr unliebsamer Gedanken und dient zum Wahrsagen, schützt bei Reisen und wirkt auch als diplomatischer Unterstützer, während Verhandlungen aller Art sowie größerer Versammlungen oder Diskussionen. Hier soll er den friedlichen Verlauf beeinflussen. Das Ziel seiner Verwendung ist, das Schicksal möglichst positiv zu beeinflussen und um Segen für Lebensreichtum und Fruchtbarkeit des eigenen Handelns zu bitten. Ein selbst gefertigter Zauberstab, in den Strahlen des Vollmondes gesegnet, kann übernatürliche Kräfte entwickeln.

Obwohl man Zauberstäbe kaufen kann, rate ich dazu, einen eigenen Stab anzufertigen, denn er gibt dir mehr Kraft und schafft eine persönliche und zaubervolle Erfahrung höchster Ausprägung. Zudem gelingt damit die Kommunikation mit deiner Seele am besten. Streife durch Wälder oder an wilden Hecken der Wildnis (den Rändern Midgards, wo sich die Welt der Menschen und das Reich der Naturwesen berühren) vorbei, schon bald wirst du dich von deinem besonderen Baum oder Strauch angezogen fühlen. Schneide einen Ast oder Zweig von etwa 30 Zentimeter Länge davon ab, befreie ihn von kleineren Ästen, Blättern und Dornen, und schon ist dein Zauberinstrument fertig.

Brauchtum im Wonnemonat Mai

Im Mai ist der unfreundliche Winter endlich vorbei, es wird wärmer und die Natur beginnt, ihre Pracht zu entfalten. Süßer Blütenduft dringt in die Nase und der Waldmeister verströmt seinen magischen Wohlgeruch. Es ist Zeit, eine Bowle oder frisches Maiwasser anzusetzen.

Maiwasser

DU BENÖTIGST:	SO GEHT ES:
1 Handvoll Waldmeister, frisch gepflückt *1 l Wasser, am besten Quellwasser*	Lasse den Waldmeister einige Stunden anwelken und lege ihn dann in eine Karaffe mit dem Wasser. Lasse dies nun 2–3 Stunden ziehen.

Danach nimmst du den Waldmeister aus dem Wasser.
Trinke dieses magische Elixier, und ein himmlischer Geschmack entführt dich durch die magischen Pforten deiner Sinne.

Waldmeisterbowle

DU BENÖTIGST:	ZUBEREITUNG:
1 Handvoll Waldmeister, frisch gepflückt *1 Flasche Weißwein, trocken* *1 Bio-Zitrone* *1 Flasche Sekt, halbtrocken*	Nimm 1 Handvoll Waldmeister, der am Vortrag oder in der Früh frisch gesammelt wurde, und lasse ihn einige Stunden anwelken. Fülle den Weißwein in eine Glasschüssel und gib den Waldmeister hinein. Stelle dies an einen kühlen Ort und lasse es 1 Stunde ziehen.

Wasche die Zitrone gründlich, reibe sie trocken und schneide sie in Scheiben.
Entferne den Waldmeister aus dem Wein, gib die Zitronenscheiben hinein und fülle dies mit gut gekühltem Sekt auf.

1. Mai:
Beltane – Begrüßung der warmen Jahreszeit

Das Maifest ist einer unserer ältesten Feiertage, denn es wird schon seit vielen Tausenden Jahren in unseren Regionen zelebriert. Die Tage werden länger, die Sonne besiegt Frost und Kälte und weckt die Vegetation auf. Zu dieser Zeit feierten die Kelten Beltane, auch Beltaine genannt, ein tagelang währendes rauschendes, ausgelassenes Fest, mit dem sie die Erdmutter priesen, die die Natur wieder in ein buntes Blütenkleid verwandelte. *Bel* bedeutet so viel wie »helles, leuchtendes Feuer«, und das Beltanefest war daher von Feuerritualen beherrscht. Zum einen wurden in der Nacht zum 1. Mai alle Herdfeuer gelöscht, um sie dann mithilfe eines Feuersteines ganz neu zu entzünden. Zum anderen wurden zwei große Feuer entzündet, an denen man sich versammelte, feierte und das Vieh durch die beiden Feuerstellen hindurchtrieb – auf diese Weise sollten die Tiere gereinigt und vor Krankheiten geschützt werden. Die Asche des Feuers wurde später auf den Feldern verteilt, um eine reiche Ernte zu bescheren. Die Kelten schmückten außerdem ihre Häuser und Ställe mit frischem Frühlingsgrün und schmückten einen Baum, um den sie am Morgen des 1. Maies tanzten.

Auch heutzutage werden in der Nacht zum 1. Mai noch in vielen Dörfern Maibäume aufgestellt, die von Burschen am Vorabend des Festes oder auch am Vormittag feierlich aus dem Wald, einem Moor oder vom Wasser geholt werden. Es handelt sich dabei in der Regel um eine Tanne, eine Fichte oder eine Birke. Das Fällen geschieht unter dem Aufsagen alter Zaubersprüche und unter besonderen Bräuchen. Die Spitze des Maibaumes ziert oft ein Hahn als Symbol der Fruchtbarkeit. Die drei darunter waagrecht aufgehängten Kränze erinnern an die drei Stufen des Weltenbaumes, Hel (das Reich der Ahnen), Midgard (das Reich der Menschen) und Asgard (das Reich der Götter). Mit guten Speisen und Getränken feiert die Dorfgemeinschaft den Zauber des Frühlings und begrüßt die neu erwachenden Lebenskräfte in der Natur. Auch werden vielerorts noch Maifeuer in der Nacht zum 1. Mai entzündet, an denen bis spät in die Nacht gefeiert wird. Mit diesem Feuer sollen die bösen Geister vertrieben werden, zudem ist es Tradition, dass Paare über das Feuer springen, was Kindersegen bringen und für Glück und Gesundheit sorgen soll.

Zu Hause werden an den Maifeiertagen gerne Kostbarkeiten wie Beifuß, Fichtenharz, Rainfarn, Rosenblüten, Lavendelblüten und Wacholder nicht nur auf glühender Asche verräuchert, sondern ebenso dem Maifeuer im Garten oder auf dem Balkon beigefügt. Dazu reicht man frisch angesetzte Waldmeisterbowle, auch Maibowle genannt, und kleine Leckereien. Der unverwechselbare Meister des Waldes strahlt an diesem Tag einen ganz besonderen Zauber aus. Sein magischer Duft erinnert sofort an die Gegenwart von Naturwesen wie Elfen und Feen, für die du auch unter einer Blume, einem Baum oder Strauch ein Glas frischer Maibowle und etwas Kuchen bereitlegen kannst. Sie werden es dir das ganze Jahr über danken mit Hilfe und Unterstützung bei deinen Arbeiten.

DER SOMMER BRINGT SONNE UND WÄRME

Der Sommer ist die Zeit des Jahres, in der die Natur in ihrer ganzen Pracht pulsiert und Fruchtbarkeit riechen und schmecken lässt. Schon früh blinzelt die Sonne morgens vom Himmel und die Luft riecht nach frischem Heu, zaubervoll, fruchtig-frischen Rosen, würzigem Lavendel und süßlich-pudrigem Flieder. Der richtige Moment, um über Einsichten zu unserem Dasein nachzudenken, die zu mehr Liebe und Glück führen, und zu erkennen, welch wunderbares Geschenk das eigene Leben ist. In den prächtigen Sternennächten funkeln unzählige leuchtende Himmelskörper um die Wette und mondbeschimmerte Wege führen durch magische Tore. Überschäumende Blütenmeere bringen unsere Fantasie auf paradiesische Reisen und der erlösende Schatten vor der Gluthitze lädt zum Träumen und zu geistigen Wanderschaften in die unsichtbare Welt der Naturwesen ein. Diese Wesen helfen uns, die Landschaften mit allen Sinnen aufzunehmen und sich ganz leicht auf ihre Signale und Botschaften einzulassen, ihre Schönheit mit jedem Blick aufzusaugen. Ob ein schillernder Käfer, das Summen von heiteren Bienenschwärmen oder das fleißige Klopfen eines Spechts, sie alle halten in dieser Jahreszeit großartige Nachrichten für uns bereit und wecken in dir das Bewusstsein, Teil einer höheren Ordnung zu sein. Diese faszinierende, tiefe Empfindung macht glücklich und bescheiden zugleich und verknüpft dich mit der göttlichen Schöpfung.

Juni – ZEIT DER ENTFALTUNG UND DES INNEREN WACHSTUMS

„Blüht im Juni der Stock in vollem Licht, große Beeren er verspricht."

Das Geheimnis des Monatsnamens und der Zahlenmystik im Juni

Der sechste Monat Juni erinnert an Juno, Jupiters Gattin, Schutzgöttin Roms sowie Göttin der Weiblichkeit, Geburt und Ehe. Die veralteten Namen Brachet und Brachmond beziehen sich auf die Dreifelderwirtschaft des Mittelalters, in Gärtnerkreisen spricht man auch vom Rosenmond oder Rosenmonat, da zu dieser Zeit die Rosen in voller Blüte stehen und mit ihrem intensiven, magisch-blumigen Duft jeden Spaziergänger verzaubern.

Als sechster Monat steht der Juni im direkten Kontakt mit dem Zauber des aus sechs Zacken bestehenden Sechssterns, auch Hexagramm genannt. Wir kennen ihn als Davidstern, der aus zwei gleichseitigen Dreiecken besteht, die in gegenüberliegender Position ineinandergeschoben sind. Als Sinnbild der Alchemie symbolisieren die überlappenden Dreiecke die magischen sechs Elemente Eisen, Blei, Zinn, Kupfer, Quecksilber, Silber. Für Pythagoras bedeutete die Zahl Sechs Perfektion, weshalb nach dem Gelehrten Philon von Alexandria die Erschaffung der Welt deshalb sechs Tage dauern musste, da die Zahl Sechs die vollkommenste und schöpferischste aller Zahlen sei.

Gottheit des Junis: Bragi – Gott der Zaubersprüche

Bragi gilt in der Mythologie des Nordens als Gott der magischen Dichtkunst und Weisheit, der die gefallenen Helden in Walhall mit seinem Gesang und seinen Erzählungen erfreut. Er ist ein Sohn Odins, dem Herrscher über alle Götter. Verheiratet ist er mit der Frühlingsgöttin Iduna, Hüterin der goldenen Äpfel, die das ewige Leben wahrt. Da Bragi den Königen Weisheit und Tatendrang ermöglichte, wurde diesen bei der Thronbesteigung ein volles Trinkhorn übergeben, das die Könige zu Großtaten begeistern sollte.

Bragi hütet bis heute das Erbe aller jemals geschaffenen Sagen, Legenden, Lieder und Sammlungen, durch das alle Einsichten, Eingebungen und Geistesblitze von der Urzeit beginnend im Universum geschaffen wurden. Die darin verwendeten geheimnisvollen Zaubersprüche wirken durch gezielte Dichtung auf das Unterbewusstsein, eine mystisch-energiegeladene Kraft für deine innere Magie, um Dinge zu manifestieren und positiv zu beeinflussen. Bragis geistige Stimme ist wie ein Zauber, mit denen er seine Zuhörer berührt und mitreißt. Er verleiht jedem Begeisterten an seiner Kunst Inspiration, Talent, Wortgewandtheit und Kreativität. Mit Bragis Hilfe veränderst du die Welt zu einem besseren, magischeren Ort voller Zauber, Bewusstheit und Harmonie.

Zaubermetall für den Juni: Platin – Juwel unter den magischen Metallen

Platin wurde zuerst in Form kleiner Körner gefunden und von den Mayas, die es für eine Art Silber hielten, zur Fertigung kleiner Plastiken verwendet. Die Spanier konnten mit diesem Metall nichts anfangen und nannten es geringschätzig Platina (Verkleinerungsform von *plata* = Silber), was so viel bedeutet wie »Silberchen«. Reines Platin gehört zu den beeindruckendsten alchemistischen Edelmetallen und ist weit mehr als ein Metall in der Erdkruste. Seine Aura erreicht jede noch so kleine Zelle im menschlichen Organismus. Das ist vergleichbar mit der Wirkung feinster Partikel von kolloidalem Platin. Sie sorgen unter anderem für Geweberegeneration, die Gesunderhaltung von Thymus und Endokrinen, unterstützen den DNA-Aufbau und sind wesentlich verantwortlich für Kreativität und Konzentration.

Das silbrig-weiß glänzende Edelmetall stärkt besonders deine mentale Sehschärfe, es bringt dich dazu, dein Leben genau anzuschauen und unter die Lupe zu nehmen. Durch seine wundervolle Ausstrahlung geht es in Resonanz mit dem natürlichen Platinanteil im Körper und bringt Entspannung, Harmonie sowie Ruhe in deinen Geist. Mit seinen besonderen Eigenschaften inaktiviert es Bakterien, desinfiziert Wunden und Entzündungen, unterstützt sogar Antibiotika, beruhigt das Nervensystem, stählt das Immunsystem und kann sogar den Körper entgiften.

Pflanzenmagie des Junis: Königskerze – Königin der Zauberpflanzen

Die Königskerze – ein Antlitz wie ein prachtvoller Kronleuchter im Tempel der Schöpfung. Sie wächst gerade und stolz bis zu zwei Meter hoch. Seit alters her gilt sie als wichtigste Sonnenwendpflanze, vor allem, weil sie das Licht und die Energie des Sommers in jeder Zelle speichert. Es heißt im Volksglauben, die Königskerze würde den Blitz anziehen, weshalb man die Wetter- und Gewitterkerze nicht mit nach Hause nehmen solle. Dieser Glaube reicht bis in die Zeit unserer Vorfahren zurück, die annahmen, dass man sich sonst sehr schnell den Zorn sowie die Aufmerksamkeit von Thor zuziehen könnte, dessen Hammer in Verkörperung eines Blitzes in das Haus einschlagen würde. Die alten Germanen nutzten die Königskerze auch als Wetterorakel. Schaute ihre Spitze nach Westen, verhieß dies schlechtes Wetter, zeigte sie nach Osten, konnte man gutes Wetter und Sonnenschein erwarten. Früher strich man bei Sonnenwendfeiern die trockenen Blüten- und Fruchtstände mit Honigwachs, Harz oder Pech ein oder tauchte sie in Öl, um sie in den heiligen Nächten als Fackeln zu benutzen. Wenn über Nacht Blüten zu Boden fallen, so sollen kleine Elfen im Schein des Mondes scherzend um die hohe Königskerze tanzen. Stoßen sie dabei unbeabsichtigt mit ihren goldenen

Zauberstäben gegen diese majestätische Pflanze, fallen immer wieder einige ihrer goldgelben Blütenkelche zu Boden.

Meditiere neben einer Königskerze. Schließe die Augen und atme tief durch. Schon nach kurzer Zeit wirst du dich ganz leicht und frei fühlen. Langsam öffnest du dich ihrem Rufen. Sie wird dir dabei ihren honigsüßen Blütenduft einhauchen und dich auf eine Reise durch das Reich der Naturwesen mitnehmen. Als Räucherpflanze verwendest du sie, um Haus und Hof vor Unwettern zu schützen.

Baum des Junis: Linde – Baum des Schicksals

Kaum ein anderer Baum in Europa ist so tief mit dem Schicksal der Menschen verflochten wie die Linde. Seit Jahrtausenden ist sie treueste Begleiterin und hat unser Geschehen als stumme Zeugin der Zeit beobachtet. Bei den germanischen Stämmen galt die Linde als Mittelpunkt und Treffpunkt für alle Angelegenheiten der Dorfgemeinschaft, da sie als Verkörperung von Wahrheit, Gerechtigkeit, Klarheit, Entschlossenheit, Mitgefühl und göttlichem Wissen angesehen wurde. Die Menschen trafen sich in heiligen Lindenhainen, um ihren Göttern zu huldigen, um Signale von ihnen zu empfangen und Vorhersagen für ihr oft lebensbedrohliches Schicksal zu gewinnen.

In der Natur findest du die Linde an unwegsamen Orten, wo sie durch ihre kämpferische Natur an Stellen gedeiht, an denen andere Bäume längst aufgegeben haben. Dieser einzigartige Charakter hat sie mit einer unvergleichlichen Heilkraft ausgestattet. Mit viel Einfühlungsvermögen versteht sie es, sich ihrem Umfeld anzupassen und ihr oft hartes Schicksal in Möglichkeiten zu verwandeln, die sie immer größer, weiser und stärker werden lässt. Setze dich unter eine Linde und spüre diese Kraft. Nimm die Wunder wahr, die dir in deinen Träumen unter ihrer Baumkrone erscheinen, spüre die Energie ihres Stammes, die dir Selbstbewusstsein, Geborgenheit, Lebensfreude, Stärke, Wohlwollen und das Geheimnis deines Schicksals einhaucht. Die sanfte und leichte Energie dieses Zauberbaumes bringt dein Herz zum Tanzen, deine Seele zum heilenden Schwingen und deinen Körper zur Ruhe.

Es heißt: Findest du eine Linde an einem Brunnen, so hast du den Zugang zum Hollenreich entdeckt. Dort trittst du in Kontakt mit deiner Seele, die dir Wege aufzeigt, ein glückliches, erfülltes Leben zu führen. Du erkennst, wie du durch zielbewusstes Denken und Handeln deine Wünsche erfüllen kannst.

Um das ganze Jahr über Lindenblütentee zubereiten zu können, kannst du im Juni die nach süßem Honig duftenden Lindenblüten pflücken, aufbereiten und aufbewahren. Am besten erntest du die Blüten an einem sonnigen Tag am späten Vormittag. Schneide die Blüten ab, breite sie dann auf einem Tuch oder Trockensieb aus und lasse sie einige Tage an einem hellen, luftigen Platz trocknen, setze sie dabei aber keiner direkten Sonnenstrahlung aus.

Die getrockneten Blüten kannst du in einem verschließbaren Glas aufbewahren und jederzeit zur Zubereitung eines Tees die gewünschte Menge herausnehmen.

Lindenblütentee wirkt lindernd bei Erkältungskrankheiten, stärkt die Abwehrkräfte und beugt grippalen Infekten vor.

Einen Tee kannst du ganz leicht aus den getrockneten Lindenblüten herstellen.

Lindenblütentee

DU BENÖTIGST:	ZUBEREITUNG:
250 ml Wasser *1 TL Lindenblüten, getrocknet*	Bringe das Wasser zum Kochen. Gib die Lindenblüten in ein Teesieb, das du in einer Tasse platzierst, und gieße das heiße Wasser darüber.

Lasse den Tee 10 Minuten ziehen, nimm dann das Teesieb heraus und genieße das wohltuende Heißgetränk.

Krafttier des Junis:
Die heilige Kuh – Symbol allen Lebens

Die Urkuh namens Audhumbla ist nach der germanischen Mythologie das Wesen, welches den ersten menschenähnlichen Riesen Ymir ernährte. Laut dieser Schöpfungsgeschichte trafen die Elemente aus dem eisigen Norden und dem feurigen Süden in einem magischen Kraftraum aufeinander, wodurch die ersten Lebewesen in der Welt entstanden: Audhumbla und Ymir. Diese Urkuh verkörpert die nährende Kraft und die Seele der Erde, deren ungezähmte Magie direkt zu deinem Innersten spricht und dich mit der Tiefe der Welt vereint.

Die Kuh verbindet dich mit den Wurzeln allen Seins, gibt dir Halt, Sicherheit, Wärme, Güte, Mitgefühl und Standhaftigkeit, wenn du dich einsam und verloren fühlst. Gleichzeitig ist sie eine verlässliche Führerin deiner Seele durch Phasen großer Herausforderungen, wenn unerschöpfliche Lebenskraft und unermessliche Energie vonnöten sind. Als Botin für Glück, Wohlstand und Fülle begleitet sie dich ein Leben lang.

Planet des Junis: Neptun – Planet der Intuition und Träume

Der bläulich schimmernde Planet Neptun ist nach dem römischen Meeresgott benannt. Er entfacht geistiges Wachstum und verkörpert Kräfte, die dein Alltagsbewusstsein übersteigen, dehnt die Bewusstseinsgrenzen aus und ermöglicht spirituelle Erfahrungen. Du kannst nicht einfach über diese Kräfte verfügen, sondern erlebst sie eher wie Schicksal, also etwas, das dein Leben trifft, ohne dass du scheinbar einen Einfluss darauf hättest.

Neptun zeigt dir den Zugang zu höheren Wahrnehmungen, wo sich die Schleier der Wirklichkeit lüften. Doch dieser Blick wird dir nicht selbstverständlich gewährt. Du musst dazu bereit sein – und dich den Dingen stellen, die du sehen wirst. Denn hinter diesem Schleier erwartet dich die Wahrheit, die du so oft in deinem inneren Kern gespürt, aber ignoriert hast. Wenn du nun den Zugang zu deiner Stimme des Herzens wiedergefunden hast, magst du sie nicht mehr missen. Erlerne mit Neptuns Hilfe die Sprache deiner eigenen Seele wieder und gewähre dem Bauchgefühl endlich Raum in deinem Leben. Die daraus erwachsenden Erfolge werden dich verzaubern.

Zudem spürst du in Neptuns Gegenwart die tiefe Sehnsucht nach der Wiedervereinigung mit allem Sein, mit den göttlichen Energien, dem Universum und den höheren Energien deines Selbst und mit der Möglichkeit, altes Wissen aus früheren Existenzen wieder aufzubauen. Er schickt dich auf eine geheimnisvolle Reise zu dir selbst. Dabei kommst du in Kontakt mit anderen Dimensionen, erhältst von dort immer wieder Zeichen und Hinweise, die dich bei deinem Heilungsprozess unterstützen und dir schließlich bei wichtigen Entscheidungen helfen.

Mit Räuchermischungen aus balsamischem, vanillig-holzig duftendem Kopaivabalsam für deine körperliche und geistige Balance und krautigem, bitter-würzigem Kalmus, der dir Kraft, Mut und Vertrauen schenkt, sowie bewusstseinserweiterndem Beifuß für deine andersweltlichen Reisen und Muskatnuss für deine geheimnisvolle und magische Ausstrahlung tauchst du in die Tiefe der geheimnisvollen Botschaften von Neptun ein.

Integriere Neptunpflanzen wie Algen, Günzel, Ehrenpreis, Johanniskraut, Veilchen, Salbeiblättrigen Gamander und Nachtkerze in deinen täglichen Speiseplan. Als Salat, im Smoothie, im Rührei, auf Reis-, Nudel- und Kartoffelgerichte gestreut, verbinden sie dich mit der wilden Seele der grünen Natur. So schaffst du eine tiefe Vereinigung mit Neptun, kommst deiner Bestimmung immer näher und erlangst atemberaubende Einsichten in neue, unsichtbare, magische Dimensionen, die deine Sehnsüchte und Träume verwirklichen, deine Intuition schulen und perfektionieren.

Zauberorte des Junis: Mittelalterliche Stadtkerne – Symbole magischer Freiheit

Das Mittelalter ist eine der reizvollsten und faszinierendsten Epochen der Geschichte, denn es ist die Zeit der großen Umbrüche: Klostergemeinschaften entstehen, Marktflecken wachsen zu Städten heran, schwunghafter Handel blüht auf, Handwerker und Händler, Patrizier und Künstler prägen das Stadtbild. Festungsmauern und Wehrtürme als Schutz gegen äußere Feinde prägen die malerischen Städte und begrenzen den Raum, in dem die mittelalterliche Stadt sich entwickeln kann. Diese Mauern zwingen die Menschen des Mittelalters, aufeinanderzurücken und eng miteinander zu leben. Über den roten Ziegeldächern erheben sich Burgen oder Schlösser. Auf den alten Marktplätzen befinden sich mystische Brunnen, die alle ihre eigene Geschichte erzählen, und die eindrucksvollen Erscheinungen der imposanten Kirchen, mit ihren Geheimnissen lange vergessener Generationen. Hier erblickt man eindrucksvolle Steinbrücken über den Flüssen, prachtvolle Fachwerkaufbauten, kunstvolle Pfostenverzierungen, die die Jahrhunderte unversehrt überdauerten. Diese verwunschenen Stadtkerne mit ihren verwinkelten Gassen verleihen bis heute ein Gefühl der Harmonie, Wärme und Geborgenheit. Stadtluft macht frei, hieß es damals, denn Leibeigene, die mehr als ein Jahr dort lebten, erhielten ihre Freiheit und konnten das erste Mal den Zauber des berauschenden Gefühls einatmen, einfach sie selbst zu sein und an jedem Augenblick des Lebens wahrhaftig teilzunehmen.

Der geheimnisvolle Kosmos alter Stadtkerne erschließt sich nur dem, der ganz in ihn eintaucht. Dringe mit allen Sinnen hinein, rieche ihren Atem, fühle ihre Stabilität, höre ihren Pulsschlag. Lies den Körper der Stadt, ihre Viertel sind deine Orientierung, denn ihre Namen sind sprechend. Die Kirchstraße führt zur Kirche, die Brückenstraße über die Brücke. Tauche ein in den bunten Alltag vor vielen Jahrhunderten. Erfühle den Geist des Ortes, den Genius Loci, atme ihn ein, empfange seinen Gedankenhauch, seine Essenz, mache sie sichtbar, spürbar, erlebbar. Setze dich nach einem Spaziergang durch die Gassen auf den Marktplatz an den Brunnen. Schließe die Augen und lasse alle Eindrücke des Stadtbildes vor deinem geistigen Auge Revue passieren. Spürst du ihre einzigartige Vergangenheit, ihren innewohnenden Charakter, den Geist, der sie durchweht, dessen besondere Aura und atemberaubende Kraft? Fühlst du die magische Ausstrahlung der alten Mauern, vernimmst du ihre Botschaften und jahrhundertelang gespeicherten Geheimnisse? Ihre Geschichte? Ihre lebendigen Mythen?

Die magischen Wesen des Junis: Nixen – magische Wesen aus tiefen Gewässern

Dunkel, glitzernd und geheimnisvoll: Im Wasser liegt eine ganz besondere Magie. Dies gilt umso mehr für die Bewohner dieses Elements, deren Zuhause der Eingang zur Unterwelt ist. Nixen nennt man diese magischen, feinstofflichen Wassergeister, deren Unterkörper einem Fischschwanz nachgebildet sind, während ihre menschlichen Oberkörper dem einer jungen Frau mit goldenen, langen Haaren gleicht. Nixen gelten als liebreizend und wunderschön. Es heißt, sie könnten ihr Aussehen und ihren Charakter immer wieder ändern. Manchmal erscheinen sie als verführerisch, reizend, manchmal aber auch als bösartig oder gefährlich.

Diese Wasserwesen wecken deine Gefühle, Emotionen und Sehnsüchte für Welten, die dir bisher verschlossen blieben. An sagenreichen

Flüssen, verwunschenen Bachläufen, mystischen Seen, geheimnisvollen Brunnen und in dunklen Mooren nehmen sie dich auf eine Reise in dein Unterbewusstsein mit. Mit ihnen lernst du die Geheimnisse der verzauberten Wasserlandschaften kennen. Diese Wasserwesen können deine Wünsche erfüllen, dich von Krankheiten reinigen und heilen. Suche ihren Kontakt, indem du ihnen bunte Stoffstreifen als Opfergaben mitbringst und diese an die umliegenden Bäume und Büsche hängst. Ebenso lieben sie kleine Naschereien wie Kuchen, Kekse oder guten Wein und Obstsäfte. Ganz besonders schätzen sie Kupfer- und Silbermünzen, die du ihnen einfach ins Wasser fallen lässt. Schenkst du ihnen diese kleinen, kostbaren Taler, sind sie dir wohlgesonnen und erfüllen dir lange gehegte Sehsüchte.

Mit den dir wohlgesonnenen Nixen erfährst du das Wasser als Platz der Geborgenheit und Harmonie. Du fühlst dich eng mit diesem Element verbunden, denn du spürst Schwingungen, die du im Ursprung deines irdischen Lebens erfahren hast. Bedenke dabei, dass du diese Wasserwesen nicht sehen kannst, doch du fühlst ihre Anwesenheit, denn sie sind Empfindungen, die dich schützen, inspirieren, motivieren, deinem Leben Freiheit und Unbeschwertheit vermitteln. Sie empfehlen dir, offen für Neues zu sein und das Leben einzuladen, auf Spurensuche zu gehen, damit alte Verletzungen heilen können. Ihre Kräfte spürst du besonders intensiv beim Schwimmen in wilden Gewässern, entstanden aus den gigantischen Gletschern der Urzeiten. Dort verbinden sie dich mit der Energie des Urcodes der Schöpfung, den Botschaften aus einer anderen Welt. Sie verleihen dir die Kraft weiterzuschwimmen, auch wenn deine Leistungsfähigkeit zu schwinden droht. So kommst du deiner Wahrheit auf die Spur, die dein Leben völlig neu gestaltet.

Räucherstoff für den Juni: Weißer Salbei – Botschafter aus dem Universum

Salvia apiana, auch White Sage genannt, wird bei den Ureinwohnern Amerikas zur spirituellen Reinigung sowie zur Vertreibung von Krankheiten und negativen Kräften verwendet. Bei Räucherzeremonien in Schwitzhütten verströmt der weiße Salbei seine intensive, magische Energie besonders wirkungsvoll. Dazu werden faustdicke Salbeibündel, auch Smudge Stick genannt, angezündet und durch ständiges Herumwedeln am Glimmen gehalten. So entwickelt sich ein feiner Qualm, der dich mit den feinstofflichen Mächten des allwissenden Universums verbindet. Ein glimmender Smudge Stick verzaubert deine Stube mit den verlorenen Düften uralter Heilkraft, Schönheit und Magie. Du beginnst eine Reise zwischen Realität und

Transzendenz und erkennst dabei äußere und innere Landschaften mit dem Geruchssinn als Kompass. So entstehen Bilder vor deinem inneren Auge, die dir die Türen öffnen, um klare Botschaften, Entscheidungen und Wegweisungen aus deiner Seele zu empfangen.

Bei einer energetischen Hausräucherung entfaltet dieser indianische Räucherstoff besonders starke Wirkung gegen dämonische Gedanken und gegen Sorgen, die tiefe Spuren im Energiefeld der Stube hinterlassen. Durch den starken balsamischen Duft verschwinden selbst uralte negative Schwingungen aus den feinsten Poren der Wände und die Pforten für einen energetischen Neuanfang öffnen sich ganz leicht.

Zauberinstrument im Juni: Die magische Trommel – eine Reise zu deiner Seele

Die Schamanentrommel ist ein uraltes Rhythmusinstrument. Schamanen nutzen sie seit Urzeiten für kultische Rituale, spirituelle Heilung und auch als Reisehilfe in tiefe Trancezustände.

Wenn du also selbst dieses Instrument spielst, verbindest du dich mit dem Wissen deiner Urahnen, dem Geist von Mutter Erde und dem Pulsschlag des Universums. Der Klang hebt dich in ein kosmisches Gleichgewicht und du kannst Orte sowie Visionen erreichen, die dich überraschen und tief bewegen werden, die deine Sehnsucht speisen. Der Rhythmus schaltet deine Gedanken aus, er leitet dich ins Hören und weiter ins Fühlen und Sehen. Suche dir einen Platz, einen Ort in deiner Wohnung oder unter freiem Himmel, an dem du ungestört bist und dich wohlfühlst. Finde in einen angenehmen Sitz und lege die Trommel vor dir auf den Boden. Schließe die Augen, spüre den Bodenkontakt und deinen Körper. Atme tief ein und aus. Öffne schließlich deine Augen wieder und schaue dir deine Trommel genau an. Nimm sie in eine Hand und streiche mit der anderen über die Tierhaut ihrer Membran. Spürst du den Atem des Instruments? Lege es wieder zurück und greife nach dem Schlegel. Nimm wahr, wie sich dieses Instrument in deinen Händen anfühlt. Berühre alles und vereine dich mit dem Geist seines Zaubers.

Nimm noch einen tiefen, gelassenen Atemzug und schlage deine Trommel an. Lausche, höre dem tiefen Klang zu, finde deinen Rhythmus. Dein Herz vibriert, dein Atem schwingt, die Trommel hallt. Spürst du am Anfang noch deine Gedanken, trommle einfach weiter, atme tief und schaue neugierig, was passiert. Lächle deinen Gedanken mit einem freundlichen Schmunzeln zu und schlage weiter. Trommle ohne Erwartung, ohne Ziel, vereine dich mit dem Klang und warte gelassen auf das, was ist und geschieht, was du hörst und fühlst. Bald öffnet sich ein heller Schleier und eine mystische Reise in dein Inneres beginnt.

Brauchtum im Monat des Wachstums

Die Natur befindet sich im sechsten Monat des Jahres in ihrer vollkommensten Pracht. Die Pflanzen leuchten in allen Regenbogenfarben, das Grün der Blätter strahlt am intensivsten und ihr Lebenssaft ist in dieser Zeit am kräftigsten. Jetzt, wo das Wachstum so wunderbar sprießt und wir bereits reich mit Kräutern beschert werden, gehört es zu einer beliebten Tradition, ebenjene Kräuter zu sammeln und in der warmen Junisonne trocknen zu lassen. Die Kräuter werden dann in Beutel gesteckt, die man entweder bei sich tragen oder unter das Kopfkissen legen kann. Die Schutzbeutel mit den sonnengetrockneten Junikräutern enthalten die Energie dieses lichtvollen Monats, geben diese an den Träger ab und unterstützen ihn durch das Jahr hindurch mit ihrer positiven Kraft.

Nun, da auch die Rosen in voller Blüte stehen, lohnt es sich, diesen Wohlgeruch zu Hause verströmen zu lassen, indem man einen Korb voller duftender Rosenblüten in der Stube an einem schattigen Platz zum Trocknen ausbreitet. Schon über Nacht entfaltet sich ein himmlischer Wohlgeruch. Die ganze Wohnung wird von einem magischen Zauber erfasst, der die Pforten zu geistigem Wachstum weit öffnet.

Mittsommer:
Verehrung sagenumwobener Flüsse, Quellen und Brunnen

Die Verehrung von Quellen und Brunnen, Bächen, Flüssen und Seen im Mittsommer finden wir im Volkstum aller Zeiten und Völker in mannigfachen Bräuchen und Glaubensvorstellungen. Tue es ihnen gleich, schenke dem Gewässer kostbares Ursalz und sprich einen Zauberspruch dazu. Räucherwerk aus Fichtennadeln, Tannenharz, Wermut, Johanniskraut, Rainfarn und Styrax verleihen der Zeremonie eine ganz besonders mystische Note. Schmücke die Gewässer mit Tannengrün und Blumen. Beleuchte sie mit Lichtern und gib Wein und Speisen hinein. So erhältst du als Dank den Segen von den kleinen Naturwesen, die dort wohnen und zu deiner Zeremonie singen, tanzen und lachen. Lausche, ob du sie ausgelassen feiern hörst, und sei dir deren Segen für ein glückliches Leben sicher.

In früheren Zeiten sagten unverheiratete Frauen in den Nächten der sommerlichen Sonnenwende intuitiv besondere Zaubersprüche auf und beugten sich unbekleidet über einen Brunnen, um im Wasser einen Blick auf das Gesicht ihres zukünftigen Ehemanns zu erhaschen. In einer anderen, wesentlich sittsameren Tradition, die auch heute noch gepflegt wird, pflückt die junge Dame sieben verschiedene Blumen und legt sie sich unters Kopfkissen. Der zukünftige Ehemann wird ihr dann im Traum erscheinen.

21. Juni:
Sommersonnenwende

Von allen kosmischen Kräften inspiriert uns die Sonne am stärksten. Die besondere Zeit, wenn sie am längsten am Firmament steht, feiern die Menschen seit Jahrtausenden. Nach alten Sagen kommen Götter und Naturgeister, Hexen und Dämonen in dieser besonderen Nacht der Sommersonnenwende in die Menschenwelt, um mit den Menschen gemeinsam zu tanzen und ausgelassen zu feiern. Das mystische Gestirn spendet Nahrung und Energie, sorgt für Regen, verhilft zu Gesundheit und guter Laune. Im spannenden Moment der Sommersonnenwende erreicht der goldene Himmelskörper seine nördlichste Position auf der Himmelskugel und damit seinen höchsten mittäglichen Stand. Dieser Augenblick markiert auf der Nordhalbkugel der Erde den Beginn des Sommers, den längsten Tag und die kürzeste Nacht des Jahres. Die Bedeutung für den Menschen schlägt sich in Bräuchen und Ritualen nieder, die zu diesem Zeitpunkt ihren Höhepunkt finden. Viele kommen zu festlichen Veranstaltungen an ganz besonderen Plätzen im Freien zusammen, zu großen Sommersonnenwende-Feuern. Der magische Höhepunkt der Feierlichkeiten ist das Entzünden dieses großen Scheiterhaufens. Wünsche, auf Papier geschrieben, und Opfergaben wie Getreide, Trockenfrüchte und Räucherwerk werden in die Flammen geworfen, denn sie sollen nach altem Brauch deinen kosmischen Schutz für das ganze Jahr garantieren.

Üppig blüht zu dieser geheimnisumwobenen Zeit der Holunder, Baum der Lebensgöttin Holle und ihrer Helfer, der Zwerge. Es heißt, diese kleinen Wesen würden um die Sommersonnenwende unter den magisch duftenden Holunderbüschen Hochzeit feiern und jedem Menschen, der sie dabei entdeckt, Glück bringen. Sammle die weißen, wohlriechenden, zaubervollen Blütendolden des Holunders und genieße sie als köstlichen Snack, beispielsweise in Bierteig frittiert, oder bereite daraus einen gesunden Tee zu.

Hollerkücherl

DU BENÖTIGST:	SO GEHT ES:
12 Holunderblüten *2 Eier* *200 g Mehl* *1 Prise Salz* *1 EL Zucker* *50 ml Milch, 3,5 % Fett* *200 ml Weißbier* *2 EL Rapsöl* *200 g Butterschmalz* *2 EL Puderzucker* *200 g süßes Apfelkompott*	Schüttle die frisch gepflückten Holunderblüten kräftig aus und säubere sie so (nicht waschen). Trenne die Eier und schlage das Eiweiß zu Eischnee. Bereite aus dem Mehl, Salz, Zucker, der Milch und dem Bier einen geschmeidigen Teig zu. Rühre dann die Eigelbe und das Rapsöl unter. Hebe ganz zum Schluss vorsichtig den Eischnee unter. Gib das Butterschmalz in einen Topf und erhitze es.

Tunke nun die Holunderblüten in den Teig, lasse den Teig etwas abtropfen und gib die Blüten dann in das heiße Fett. Achte dabei bitte darauf, dass nur so viele Blüten im Topf sind, dass sie ausreichend Platz haben. Frittiere sie, bis sie eine goldbraune Farbe haben, circa 2–3 Minuten. Nimm die Blüten heraus und lasse sie auf Küchenpapier abtropfen. Verfahre mit den übrigen Dolden genauso.
Bestreue die frittierten Holunderblüten mit Puderzucker und serviere sie frisch und am besten noch lauwarm mit dem süßen Apfelkompott. Bei diesem Gericht schlemmst du mit allen Sinnen den Duft und Geschmack des Sommers. Damit putzt du jede Zelle deines Körpers und versorgst sie mit kostbaren Nährstoffen und sommerlicher Energie, die deine Abwehrkräfte stärken und dein Selbstbewusstsein stählen. Und wer weiß, vielleicht entdeckst du ja auch einige der zaubervollen kleinen Wesen, die unter den Holunderbüschen leben.

Holunderblüten haben starke Heilkräfte, denn sie lindern die Symptome bei Erkältungen, Grippe und Infektionen der Atemwege und wirken heilungsfördernd und schweißtreibend bei Fieber. Damit du das ganze Jahr über Holunderblütentee genießen kannst, solltest du seine Blüten im Juni sammeln und trocknen. Sammle die Blüten an einem trockenen Tag im Juni, am besten in der Mittagszeit. Schüttle die Blüten dann kopfüber ein wenig und befreie sie durch sanftes Klopfen von möglichen Insekten. Schneide die dicken Stiele ab und belasse nur die Blüten als Dolde. Breite dann die Holunderblüten auf einem großen Tuch aus und lasse sie an einem luftigen Ort ohne Sonneneinstrahlung mehrere Tage liegen. Wende sie dabei jeden Tag, damit sich kein Schimmel bildet. Sie sind ausreichend getrocknet, wenn die Blüten in der Hand beim Reiben rascheln und zerbröseln.

Die getrockneten Blüten kannst du in einem verschließbaren Glas aufbewahren und jederzeit zur Zubereitung eines Tees die gewünschte Menge herausnehmen.

Einen Tee kannst du ganz leicht aus den getrockneten Holunderblüten herstellen.

Holunderblütentee

DU BENÖTIGST:	SO GEHT ES:
250 ml Wasser *2 TL Holunderblüten, getrocknet* *optional: etwas Honig*	Bringe das Wasser zum Kochen. Gib die Holunderblüten in ein Teesieb, das du in einer Tasse platzierst, und gieße das heiße Wasser darüber.

Lasse den Tee 10 Minuten ziehen und nimm dann das Teesieb heraus. Wenn du möchtest, kannst du den Tee mit ein wenig Honig süßen.

24. Juni: Feentag

Ein wunderbares Fest für alle Menschen, die an Magie glauben, ist der internationale Feentag am 24. Juni – ein Fest für fantasievolle Seelen, die offen für das Magische um sie herum sind. Er wird am 24. Juni gefeiert, weil auf diesen Termin oftmals das Mittsommerfest fällt, jene Zwischenzeit, zu der die Schleier am dünnsten sind und der Übergang zwischen den Welten am einfachsten ist. An diesem Tag kannst du die Hektik der modernen Welt einmal beiseitelassen, dich auf die Möglichkeiten des Unbekannten einlassen, das Fantastische, Mystische und Ätherische in deinem Leben ehren und die Freude und den Zauber der Feenwelt feiern. Öffne deine Sinne für die Magie, die dich umgibt, und für die wunderbaren mystischen Kreaturen der Feenwelt.

Um in Kontakt mit den Feen zu treten, kannst du an einem Ort deiner Wahl einen Feenaltar errichten, mit dessen Hilfe du mit den Feen kommunizieren kannst. Suche dir dafür eine friedliche, ruhige Stelle in der Natur und richte dort deinen Altar ein. Schmücke ihn mit deinen liebsten Feenornamenten, mit schönen Steinen, Blättern, Federn und Muscheln, mit Kristallen, Glasperlen oder anderen hübschen Dingen. Zünde eine Kerze an und verbrenne duftende Räucherkegel. So kannst du mit den magischen Zauberwesen in Kontakt treten und ihre Gegenwart fühlen, die sich durch einen sanften Windhauch um deine Nase herum offenbart. Danach hinterlässt du an diesem magischen Ort Quellwasser und Nahrung für die Feen. Besonders gerne mögen sie natürliche Lebensmittel wie Milch, Sahne und Honig sowie selbst gebackenen Kuchen. Kehre an diesen Platz zurück, wann immer du dich einsam fühlst, traurig bist, etwas Kraft benötigst oder deine Gesundheit angeschlagen ist, um dort energetisch aufzutanken. Die kleinen Naturseelen werden sich deiner erinnern, mit dir Kontakt aufnehmen, dir zulächeln. Du spürst sie ganz deutlich, wenn sie dich plötzlich mit positiven Kräften durchströmen und sich dein Unwohlsein in Luft auflöst.

Juli – MONAT DER FÜLLE

„Regnet's zum Juli hinaus, so guckt der Bauer nicht gern aus dem Haus."

Das Geheimnis des Monatsnamens und der Zahlenmystik im Juli

Um den römischen Staatsmann, Feldherrn und Historiker Julius Cäsar zu ehren, wurde der siebte Monat im Jahr nach seinem Vornamen benannt. Die alten deutschen Namen lauten je nach Region Heuet, Heumond, Heuert oder Heumonat, da im Juli die erste Heumahd eingebracht wurde. Andere alte Namen für den Juli sind Bärenmonat, Honigmonat oder Honigmond.

Der Zauber der geheimnisvollen Zahl Sieben liegt im Juli in der Luft. Du wunderst dich, warum Schneewittchen genau sieben Zwerge hinter den sieben Bergen trifft, weshalb sieben geheimnisvolle Wunder aus der fernen Welt der Antike existieren? Du kennst sieben Todsünden, sieben Tugenden, die Schöpfung dauerte sieben Tage. Die sieben Wochentage entsprechen auch heute noch den sieben Planeten des Altertums (Sonne für Sonntag, Mond für Montag, Mars für Dienstag, Merkur für Mittwoch, Jupiter für Donnerstag, Venus für Freitag und Saturn für Samstag). Auch der Regenbogen besitzt sieben Farben (Rot, Orange, Gelb, Grün, Blau, Indigo, Violett). Warum immer sieben an der Zahl? Warum nicht 14 oder 20? Die Antwort liegt in der Aura der Sieben. Diese magische Zahl inspiriert zu Höchstleistungen, verbindet uns mit dem Urcode der Schöpfung, gibt dem Leben eine Ordnung, steht für Geborgenheit, Vertrauen, Offenheit, Weisheit, Unabhängigkeit, Einzigartigkeit. In den Landschaften des siebten Monats wirst du alle diese mystischen Attribute erkennen, schätzen lernen und nie wieder loslassen wollen.

Gottheit des Julis: Thor – Donnergott mit monumentalen Kräften

Thor ist der Sohn des Odin und nach ihm der gefürchtetste Gott des nordischen Götterhimmels. Er nimmt in der nordischen Mythologie die Rolle des Donnergottes und des Heilbringers der Seefahrer ein und trägt immer einen großen Hammer (Mjölnir) bei sich, mit dem er seine Feinde zermalmen kann. Nach alten Legenden sind ohne Thor selbst die Götter verwundbar und ebenso ist auch er bei Verlust seines kostbaren Schlagwerkzeugs verwundbar.

Thor ist ein starker, rauer und aufbrausender Charakter und gilt als männlichster Gott im nordischen Glauben. Sein Temperament äußert sich als Donner und Blitz bei tosenden Gewitterstürmen. Thors Hammer gilt als heiliges Symbol unerschöpflicher Lebensenergien und findet sich daher in alten Gedenksteinen wieder. Zudem wurde er von den Wikingern auch als Anhänger getragen. Ein solches Schmuckstück erinnert dich immer an deine oft verborgene Charakterstärke und Lebensenergie, deine überbordende Lebens- und Tatkraft sowie an dein kosmisches Immunsystem, das mit dem Urcode des ewigen Daseins verbunden ist. Zudem verbindet dich Thors Hammer mit der Quelle nie versiegender Lebensenergie, wenn du der Stimme deines Herzens folgst.

Zaubermetall für den Juli: Antimon – das kosmische Äthermetall

Antimon ist ein silberweiß glänzendes, sprödes Halbmetall, das in der Natur in Form von Erzen vorkommt und sich leicht pulverisieren lässt. Diese Eigenschaft sowie seine bakterientötende Wirkung machten es in der Antike zu einem begehrten Heilmittel für die Herstellung von entzündungshemmenden Augencremes und die Behandlung von Wunden. Zudem wurde es im alten Ägypten als schwarzer Lidschatten aufgetragen, zum einen um der Schönheit willen, zum anderen, um den bösen Blick zu entkräften. Laut Paracelsus gilt es als lebenserneuernd und wie geschaffen für die Aktivierung der Lebenskräfte und Stärkung der Seele. Sein faszinierendes äußeres Erscheinungsbild gleicht dem eines metallisch glänzenden, büschelförmig angeordneten, nadeligen Kristalls aus den geheimnisvollen Tiefen der Erde. Wer einmal den magischen Anblick dieses Metalls erfahren hat, spürt das Wunder der Schöpfung unseres magischen Planeten Erde – ein atemberaubender Schatz, der uns in jedem Augenblick die Magie des Seins offenbart und dich tief mit dem Schoß der Erde verbindet.

Die Schönheit dieses berauschenden Bodenschatzes verhilft dir zur inneren Erdung. Begib dich mit einem Stück davon in einen Nadelwald und lege dich mit dem Rücken auf den weichen, federnden Boden. Spüre den Kontakt deines Kopfes und Rückens, deiner Hände, Arme und Beine mit der Erde. Schon allein die Aufmerksamkeit bewusst in jedes Körperteil zu lenken und den Boden wahrzunehmen, ist ein erster Schritt, um dich zu erden. Stelle dir vor, wie du mit deiner ganzen Aufmerksamkeit in jedes Körperteil schlüpfst, und spüre die Verbindung zum Erdboden. Schon bald stellst du fest: Wenn du geerdet bist, dann fällt dir das Leben leichter. Der Erwartungsdruck der Außenwelt fällt von dir ab und du wirst nicht mehr den Boden unter den Füßen verlieren. Ein Grundvertrauen zu dir selbst und zu deinen Mitmenschen baut sich auf. Des Weiteren tritt eine tiefe irdische Verwurzelung zutage, die dir erlaubt, mutig und frei durch das Leben zu schreiten. Dieses einem Kristall ähnliche Metall erleichtert dir die Öffnung der Pforten zur magischen Anderswelt, es schafft Einblicke in ein unsichtbares Reich.

Pflanzenmagie des Julis: Mädesüß – bewusstseinsveränderndes Zauberkraut

Das echte Mädesüß blüht von Juni bis August und wächst auf feuchten Wiesen sowie an verträumten Bachläufen, die sich durch sumpfige Wiesen schlängeln. Schon die Germanen setzten es gegen Schmerzen ein. Und in der Tat: Mädesüß enthält Vorläufersubstanzen der Salicylsäure, die im Körper in Acetylsalicylsäure umgewandelt wird, ein seit über hundert Jahren angewandtes Schmerzmittel. Das ist derselbe Wirkstoff, der chemisch hergestellt in Aspirin enthalten ist. Die Salicylsäure aus Mädesüß kann Schmerzen lindern, Fieber absenken, das Blut verdünnen und hilft bei Kopfschmerzen. Die Dosierung in den Mädesüßblüten ist nicht so hoch wie in einer Aspirintablette, aber dafür ist die Heilpflanze auch frei von Nebenwirkungen. Du kannst zu Heilzwecken einen Tee oder einen Kaltauszug herstellen und trinken.

Mädesüßtee

DU BENÖTIGST:	ZUBEREITUNG:
1 EL Mädesüß-Pflanzenteile wie Blüten, Stängel, Blätter, frisch geerntet *250 ml Wasser*	Wasche die Pflanzenteile vorsichtig und schüttle sie trocken. Lege sie dann in eine große Tasse. Koche das Wasser auf und gieße es über die Pflanzenteile. Lasse den Tee 10 Minuten ziehen.

Seihe dann die Pflanzenteile ab und genieße den Tee.

Mädesüß-Kaltauszug

DU BENÖTIGST:	ZUBEREITUNG:
1 Handvoll Mädesüßblüten, frisch geerntet *1 l Wasser, möglichst Quellwasser, kalt*	Wasche die Blüten vorsichtig und schüttle sie trocken. Lege sie dann in eine große Karaffe oder ein großes Glas. Gieße das kalte Wasser auf die Blüten und lasse sie 6 Stunden im Wasser ihren unverwechselbar magischen Geschmack entfalten.

Gieße den Kaltauszug danach durch ein Sieb ab und fange das Wasser auf.

Dieses geheimnisvoll duftende Zauberkraut ist auch seit Jahrtausenden ein beliebtes Streukraut für die Wohnung. Sein berauschender Duft verbindet dich mit den Märchenfeen deiner Kindheit, die sich in dem betörenden Wohlgeruch der Wiesenkönigin verbergen. Die zarten, cremeweißen Blüten öffnen die Pforten zu deiner Seele, wenn du in tiefer Trance ihren Ruf vernimmst. Verteile das Mädesüß am Morgen auf dem Fußboden mit verschiedenen Kräutern wie Salbei, Beifuß, Lavendelblüten und Labkraut. Dieser Aromamix zaubert energiegeladene Schwingungen in deine Stube, die dein Bewusstsein in unbekannte Dimensionen reisen lassen. Außerdem kannst du dieses Kräuterstreu ebenfalls wie Rosenblüten auf Tischen, Kommoden, Fensterbänken ausbreiten und tage- bis wochenlang genießen, da es seinen Duft noch sehr lange verströmt.

Baum des Julis:
Erle – Brücke zum Reich der Andersweltlichen

Erlen fühlen sich am wohlsten an Übergängen und Schwellen zwischen Wasser und Land: Sie leben in beiden Welten und man findet sie auch genau dort: an moorigen Stellen, an Bächen und Flüssen, an Seen und Teichen. Feuchte, neblige Bruchwälder sind dem Volksglauben nach unheimliche Orte mit grimmigen Hexen, geheimnisvollen Zauberern und mystischen Elfen. Es sind Übergänge, an denen sich die Schleier zur Anderswelt lichten und die Überquerung leichter als anderswo erscheint. So schafft die Erle eine Verbindung zwischen den zwei Elementen, ein Tor zwischen zwei Welten, wie man früher glaubte. Nach alten Sagen tanzen Feen, Elfen und Moorgeister nachts unter den Erlen und vermitteln dir über deine nächtlichen Träume im Schein des Mondes Lebensfreude, Schutz, Großzügigkeit und Wohlergehen. Der Legende nach beherbergt die Erle unheilvolle Wesen, wie Wasser-, Moor- und Nebelgeister. Wenn du dich bei Sonnenaufgang in ihre Nähe begibst, blinzeln sie dir aus ihren Zweigen zu. Sie bringen dich von deinem vorgegebenen Wege ab und führen dich dem Erlenweibe zu. Diese oft von Angst getriebenen Zeitgenossen werden als finstere Gestalt, der Hexerei mächtig, beschrieben. Sie sollen den armen Wanderer immer tiefer in den dunklen Sumpf hineinführen, bis er nicht mehr hinausfindet und dem Tode geweiht ist.

Tatsächlich aber steigen Erlen mit dir hinab ins Unbewusste in eine Region, in der du deinem Schicksal begegnest. Dann drehen sich alltägliche Geschehnisse in so manchen Stunden in Erlebnisse, die an Traumata erinnern und bleibende Erinnerungen hinterlassen. Tod, Schmerz und glückliche Momente lernst du unter den Erlen anzuschauen, zu verarbeiten und kostbare Schlüsse für dein weiteres Leben zu ziehen. Die Erle ist ein Baum, der mit Weisheit, innerer Kraft und der dunklen Seite deines Geistes in Verbindung steht. Wenn du dich auf sie einlassen kannst, weckt sie deine Intuition und begleitet dich zu den Juwelen deiner inneren Stimme. Mit Räucherungen unter ihrer Baumkrone hilft sie dir, Lebensmut aufzubauen und Zweifel sowie Ängste zu besiegen. Als göttlicher Baum verbindet sie das Diesseits mit der jenseitigen Welt. Sie hilft dabei, Verdrängtes zu erkennen und die innere Weisheit zu aktivieren und zu nutzen. Als schützendes Schild verleiht sie Stärke, schult deine Intuition und begleitet dich beim Lösen innerer Konflikte.

Die mystischen Kräfte der Erle machte sich auch die Volksmedizin zunutze: Blätter und Rinde galten als fiebersenkend. Alte Bräuche, die auf die Erle zurückgehen, sind bis heute aktuell: Erlenzweige gelten im Volksglauben als abwehrendes Mittel gegen dunkle Gedanken, die dir den Spaß am Leben rauben. Und die Blütenzapfen der Erlen sind ein Orakel für den Ertrag deiner kommenden Handlungen: Ellerholz voller Köpfe bedeutet eine große Belohnung für dein Wirken. Die Vitalität und der Zustand junger Erlenblätter im Frühjahr wurde als Orakel für das neue Jahr ausgewertet. Und je mehr Fruchtstände sich zeigten, umso reicher würde die zu erwartende Ernte ausfallen.

Du kannst dir die Erle als Heil- und Schutzmittel zunutze machen. Zur Heilung kannst du die innere Rinde als Heilmittel gegen Fieber und Entzündungen im Mund- und Rachenraum kochen. Lege für einen beschützten Schlaf ohne Albträume Erlenzweige unters Kopfkissen. Nutze die Zweige der Erle für Wünschelruten und zum Auffinden deiner geistigen Schätze. Streue ihre jungen Blätter frisch gehackt über Suppen, Reis, Kartoffeln, Butterbrote oder verwende sie in Smoothies, Pesto, Gemüsekuchen wie Quiche, Pizza und Salat.

Krafttier des Junis: Fuchs – mystischer Ratgeber

Im deutschen Volksmund wird davon berichtet, dass der Fuchs verirrte Wanderer oder Reisende wieder sicher auf den rechten Weg führt. Ebenso zeigt er dir bei Selbsttäuschungen immer wieder den richtigen Pfad. Seine magische Kraft zum Guten warnt dich frühzeitig von übelmeinenden Zeitgenossen. Als hilfreicher Bote in Zeiten des Übergangs und des Wandels steht er dir mit guten Ideen zur Seite. Respektiere den Fuchs als Ratgeber bei schwierigen Verhandlungen, denn seine Diplomatie und Klugheit führen dich immer zum gewünschten Ziel.

Als Hüter der Schwelle begleitet dich der rote Geselle auf deinen spirituellen Entwicklungsstufen. Wenn du also auf geistigen Pfaden wandelst, sei dir bewusst, dass es Prüfungen in Form von Versuchungen und schwierigen Zeiten gibt. Gerade in den schwierigen Phasen ist die Entwicklung am größten und dann gilt es, wenn der Hüter der Schwelle dir den Weg frei macht, diese auch zu ergreifen.

Planet des Julis: Erde – Zauber göttlicher Schöpfung

Blau leuchtende Ozeane, tiefgrüne Wälder, saftig-bunte Wiesen – die Erde ist in den unendlichen Weiten des Weltalls eine Oase. Sie ist der einzige uns bekannte Planet, auf dem es Leben gibt. In ihrem Inneren ist sie Tausende Grad heiß und unter unseren Füßen wandert die Erdkruste auf einer zähflüssigen Schicht. Dieser blaue Planet ist ein ruheloser Körper im unendlichen Kosmos und im ständigen Umbau begriffen. Die Elemente Luft, Wasser, Feuer und Erde setzen gewaltige Energien frei. Vulkanausbrüche, Tsunamis, Blitz und Donner sind faszinierend und angsteinflößend zugleich, doch sie lösen gleichzeitig auch eine überwältigende Ehrfurcht und tiefe Verbundenheit zur Schöpfung aus, die zu übernatürlichen Erlebnissen führen kann.

Berührt von solchen Erfahrungen, entwickelt dein Geist einen neuen Selbstwert, der deine Seele heilt und dich von einem kompletten Neubeginn deines Lebens überzeugt. Berühre die Erde mit deinen Händen, lasse den Sand durch deine Finger rieseln, schwimme in Flüssen, Seen und Ozeanen, besteige Berge und schaue in die endlosen Bergketten, dusche unter Wasserfällen und laufe barfuß über süß duftende Wiesen oder zarten, moosbedeckten Waldboden. Begreife die Natur mit allen Sinnen und verschmelze mit dem Geist der Erde. So lernst du ein Zauberland kennen, in dem die Grenzen zwischen Elfen und realen Wesen verwischen und sich die Tore zur Anderswelt öffnen.

Atme den magischen Duft unseres Planeten in Räuchermischungen aus Fichtenharz, Wacholderbeeren und Tannennadeln ein. Der Erdengeist wird dich in neue Dimensionen heben, wo du die wirklich wichtigen Dinge in deinem Leben anschauen lernst. Entscheide danach, was wirklich erstrebenswert für dich ist, und lebe danach.

Ernte saftige Früchte in der endlosen Wildnis. Du findest oftmals ganz leicht Himbeeren, Brombeeren, Heidelbeeren, Vogelkirschen (nur den Stein nicht), Schlehen und Weißdornbeeren. Iss sie pur, direkt vom Strauch oder Baum, koste den Geschmack der Erde. Selbst im Winter kannst du einige Zweige von Fichten, Tannen oder Kiefern zu einem wunderbaren Tee zubereiten. Das ganze Jahr über liefern Blattrosetten von Gänseblümchen oder Blätter von Brennnesseln, Vogelmiere oder Brunnenkresse einen schmackhaften Salat, der dich in paradiesische Höhen hebt. Die wilden Pflanzen aus der Natur versorgen deinen Körper mit gigantischer, kosmischer Energie für ein gesundes Leben voller Fülle und Magie.

Zauberorte des Julis: Verwunschene Moore – Orte der Erkenntnis

Moore gehören zu den letzten echten Urlandschaften. Wallender Nebel, leises Gluckern und der modrige Geruch faulenden Holzes: Eine Wanderung durchs Moor kann ganz schön unheimlich sein. Wie kaum ein anderer Lebensraum birgt das Moor unzählige Geschichten. Seine Anziehungskraft und dunklen Mythen lassen uns erschauern, die Pracht seiner Artenvielfalt staunen. Es sind Orte am Übergang zwischen Wasser und Erde, voller spannender Gegensätze. Neben Wölfen, die durch einen Pinselwald weißer Wollgrasbüschel ziehen, Kranichen, die im Bruchwald ihre Jungen aufziehen, erleben wir fleischfressende Sonnentaupflanzen und zierliche Moospflanzen, deren Sporen krachend explodieren. Ein filigranes Kunstwerk, das von der Natur in Jahrtausenden geschaffen wurde und das wir erst allmählich beginnen zu erforschen, zu verstehen – und zu bewahren. Hier begegnen dir auch Kreaturen, die so surreal aussehen, als stammten sie von einem anderen Stern. Moore erscheinen dir als Geisterorte, Seelenorte und Brückenorte zwischen Himmel und Erde. Im Moor kannst du Kraft schöpfen, in der magischen Stille, wenn dein inneres Ohr das Flüstern der Zellen vernimmt, über welche alle Lebewesen innig miteinander verbunden sind.

Die magischen Wesen des Julis: Baumfrauen – die Seelen der Bäume

Baumfrauen sind weibliche Feinstoffwesen, Schutzwesen, die in knorrigen Baumkronen leben und den Baumkörpern den Atem des Lebens einatmen. Zudem helfen sie dabei, dunkle Mächte, Dämonen und mächtige, bedrohliche Gedanken aus deinem Innern zu vertreiben. Wenn es dir einmal nicht so gut geht, besuche die Bäume, umarme sie, spüre ihren Atem, rieche ihren Duft, fühle ihre Stärke – so dringst du ein in die tiefsten Geheimnisse der Baumfrauen, deren Seelen dich trösten und heilen. Danke ihnen mit einer kleinen Opfergabe. Sie lieben rote Kupferpfennige, etwas Kuchen oder Brot und besten Wein oder kristallklares Quellwasser. Dank ihrer Hilfe lernst du, mit Bäumen zu sprechen, zu den Waldgeistern und Waldwesen Kontakt aufzunehmen und dich über diese Geschöpfe mit den kosmischen Urkräften, dem Göttlichen, zu verbinden.

Mit den Baumfrauen folgst du dem Ruf der Natur. Sie lehren dich, die Sprache der Bäume zu verstehen, ihren lautlosen Klang zu hören und ihre Botschaften in dein Leben zu integrieren. Mit ihnen gehst du auf Reisen in das Innere der Wirklichkeit. Du erhältst Zugang zu Schlüsselsituationen aus dem jetzigen und anderen Leben, die plötzlich in Erscheinung treten, denn diese haben im Hier und Jetzt ihre Spuren hinterlassen und wollen geheilt werden. Die Baumfrauen führen das Geschehen an den Ort des Ursprungs zurück und sie geleiten dich zu deinen Wurzeln, deiner Schöpferkraft. Sie zeigen dir über die Rückkehr zur Natur den Weg zu deiner inneren Stimme, den Pfad deines Herzens. Diese Baumwesen sind deine ausgewählten Begleiter auf dieser Reise, sie kommen dir entgegen, um dich bei deinen neuen, mystischen Erkenntnissen schützend zu begleiten.

Räucherstoff für den Juli: Süßgras – berauschender Duft des Sommers

Das Aroma des süß duftenden Grases trägt das Geheimnis uralter Weisheit in sich, eine Weisheit, die vielen alten spirituellen Kulturen der Welt, wie den Schamanen, Veden, Kelten, Buddhisten, den Indianern und anderen Völkern, die in Einheit mit der Natur lebten, zu eigen war und bis heute ist. Es erzeugt jene beruhigende und ausgleichende Wirkung für die Umgebung, in der eine Entspannung von Körper, Intellekt und Geist möglich werden kann. Sein Duft ist intensiv, aromatisch-vanillig, gleichzusetzen mit frisch geschnittenem Heu in den Sommermonaten, dessen magischer Wohlgeruch die Sinne entrücken lässt. Beim Räuchern verströmt das Gras einen leicht süßlichen Duft, der mit aromatischen Noten von Kumarin, Vanille und einer Spur Waldmeister angereichert ist. Seine Wirkung ist harmonisierend und reinigend. Es eignet sich für spirituelle Sitzungen oder zur Meditation. Sein mystischer Duft lässt die Gegenwart spüren und das Jetzt fühlen. Du erkennst beim Räuchern von Süßgras: Es gibt nur diesen Moment. Und darin liegt deine Kraft. Denn das Jetzt ist der Eingang zu deiner tiefsten inneren Glückseligkeit, zu ewigem Sein, zu der Harmonie, die du ein Leben lang ersehnst.

Zauberinstrument im Juli:
Heiliges Wasser - das Blut des Erdengeistes

Die geheime Macht des Wassers – Quell allen Lebens – gestaltet mystische Momente in deinem Alltag. Mit seiner gewaltigen Energie formt es Landschaften, gräbt tiefe Canyons, schafft Meeresküsten und eisige Polarwelten. Alte Zauberbücher empfehlen daher, sich diese magischen Kräfte zu eigen zu machen und keine magische Zeremonie zu beginnen, ohne sich mit diesem Lebenselixier geistig vereinigt und gereinigt zu haben.

Die in der Sonne glitzernden Wasser- und Eiskristalle saugen die Energie dieses goldenen Himmelskörpers auf. Sämtliche Schwingungen und Gefühle allen Seins, das jemals existiert hat und noch geboren wird, sind in einem einzigen Kristall gespeichert. So verknüpft dieser Wasserkristall jede Spur der Vergangenheit, Gegenwart und Zukunft zugleich.

Alle gehüteten Botschaften und Erinnerungen durchdringen dich, wenn du das Wasser trinkst oder darin badest. Es stärkt alle Lebenskräfte und verbindet dich mit dem allgegenwärtigen Erdengeist sowie der unsichtbaren und geheimen Macht des Universums. Es steht für die Reinheit des Geistes, Natürlichkeit des Wesens und Weisheit der Menschen. Das kristallklare Nass ist der Ursprung allen Lebens, die Grundlage unseres Seins und das Sinnbild immerwährender Veränderung. Es erinnert an die ewige Wandlung im Leben, an stetes Werden und Vergehen, Erneuerung und Wiedergeburt. Du erkennst in seiner Bewegung, dass Leben Veränderung bedeutet – solange sich Dinge ändern, so lange wird der Pulsschlag dieser Erde existieren.

Brauchtum im ersten Erntemonat

Im Juli schöpfen die Menschen aus dem Vollen, genießen das Leben, frönen den heißen Tagen und lauen Sommernächten und sind sich einer ganz besonderen magischen Aura gewahr. Wohin das Auge blickt, überall fröhliche Menschen, die die sonnige Natur genießen und ihre Energie in diesem wohlig-warmen Monat wieder aufladen. Der Juli ist auch die Zeit der Fülle, in der viele Früchte reifen, Gemüse geerntet, Getreide eingeholt wird und die Heuernte in vollen Zügen ist. Mit dem frischen, duftenden Heu und den nun wunderbar wachsenden Kräutern werden seit alters her Heilmittel hergestellt, die die Menschen auf ihrem Weg begleiten und unterstützen.

Berauschende Heuernte

Zaubervolle Heuwiesen gibt es schon seit Beginn der Eisenzeit, als die Menschen in den kühleren Regionen Europas dazu übergingen, für den Winter Heuvorräte für ihr Vieh und für ihre Pferde anzulegen. Bei Heu handelt es sich um geschnittenes, getrocknetes Gras, das mit seinem berauschenden Wohlgeruch die sommerlichen Felder in duftende Tempel verzaubert. In der heißen Jahreszeit, wenn der Duft der satten Wiesen warm aus den Tälern steigt, wenn die Blumen auf den Wiesen in den schönsten Farben leuchten, wenn die hohen Tannen in sattem Grün erstrahlen und die klaren Bäche zum Erfrischen einladen, dann ist Heuernte.

Der krautige, milde, warme Wohlgeruch des frisch geschnittenen Sommergrases beruhigt und schenkt Kraft. Innmitten solcher frisch gemähter Wiesen wirst du den Duft als Sprache der Pflanzen wahrnehmen, als Schlüssel zur Vergangenheit. Steigt dir dieser ganz besondere Wohlgeruch in die Nase, ist plötzlich alles wieder da, selbst nach Jahrzehnten, Heiteres wie Sorgenvolles. Du schaffst es, auf deine Ängste und Sorgen aus einem anderen Blickwinkel zu schauen und Lösungen zu erkennen, die dir vorher verborgen geblieben waren. Plötzlich fühlt sich alles ganz leicht an. Die Gegenwart von Heu ist reinste Meditation. Probiere es aus, fülle deinen Kopfkissenbezug mit frischem Heu, ruhe darauf und erlebe, wie dich der göttliche Geist durchweht. Das Einschlafen wird dir leichtfallen und deine Träume werden dich in magische Welten entführen. Du spürst eine unendliche Leichtigkeit, dich in der Schönheit des Lebens zu sonnen, dich voller magischer Kräfte dem natürlichen Fluss des Lebens anzuvertrauen und dich von ihm tragen zu lassen. Wäre es nicht wundervoll, selbst den größten Herausforderungen des Alltags mit einem Lächeln begegnen zu können? Das schafft der berauschende Duft dieses Zaubergrases – voller Magie und Geheimnisse. Der Rausch des frischen Heudufts wird dich in turbulenten Zeiten entspannen, mit Zuversicht durchströmen und mit intensivster Lebensfreude durchfluten.

Heilende Kräuterbuschen binden

Kräuter, die im Juli gesammelt werden, gelten als besonders heilkräftig. Zu Sträußen gebunden und in der Stube aufgehängt, können sie den Winter über zum Räuchern, für Tees oder als duftender Schmuck verwendet werden: Königskerze, Beifuß, Rainfarn, Minze, Johanniskraut, Mädesüß und Salbei sollten immer in dem Buschen eingearbeitet werden, denn sie bergen das verborgene Geheimnis der Schöpfung.

Ein zaubervoller Segensspruch wie zum Beispiel »Ich danke der Erde für diese wundervolle Medizin« verwandelt die Kräuter zu einer stark heilenden Medizin und erhöht deren Abwehrkräfte. Die Kräuter stehen dann sozusagen unter dem kosmischen Schutz. Spüre, wie dieser Segen deine Welt und dich selbst verändert. Empfinde den Zauber deiner eigenen Worte, wenn du Pflanzen weihst. Gefühle voller Glück stellen sich ein, das Bedürfnis, der Schöpfung für diese magischen Gewächse zu danken, steigt in deinem Inneren hoch und erfüllt dich mit einem mystischen Gefühl von Sicherheit, Stärke und Kraft.

Es heißt die Zeit vom 15. August bis 15. September wäre der optimale Zeitpunkt für das Pflücken der Kräuterbuschen, dem Zeitraum, in dem heilende Kräuter geerntet und geweiht werden sollten. Doch tatsächlich stellt sich die Ernte im Juli als lohnender heraus. Zu einem späteren Zeitpunkt sind nämlich schon viele Blumen und Kräuter durch die Gluthitze verbrannt. Es wäre also schade, wenn all diese heilkräftigen Pflanzen mit ihren hochwirksamen ätherischen Ölen in deinem Kräuterbuschen fehlen würden.

August – MONAT DER REICHEN ERNTE

Um Mariä Himmelfahrt, das wisse, gibt's die ersten Nüsse.

Das Geheimnis des Monatsnamens und der Zahlenmystik im August

Der achte Monat wurde zu Ehren von Kaiser Augustus, dem ersten römischen Kaiser, benannt, der in diesem Monat zum einen sein erstes Konsulat antrat und zum anderen große Triumphe feierte. Als volkstümliche Namen kennen wir Erntemonat, Ährenmonat, Sichelmonat oder Ernting.

Die Zahl Acht gilt als die Zahl der Regeneration und Auferstehung. In den antiken Sagen und Märchen vieler Kulturen führen sieben Stufen zur Vollkommenheit, bevor dein Geist die achte Himmelsstufe betreten und in das Reich der Unendlichkeit gelangen kann, der Welt deiner wahren Heimat, die du verlassen hast, um auf der Erde neue Erfahrungen zu sammeln, Weisheit zu gewinnen und spirituell zu wachsen.

Im achten Monat beginnt nun die Zeit der Ernte von dem, was in der vorangegangenen Zeit gesät wurde. Mehr und mehr bestimmen Harmonie und Erfüllung dein Leben. Die liegende Acht gilt als Zahl der Unendlichkeit. Du hast unendlich viele Möglichkeiten und Chancen im Leben, die dich deinem Lebensglück näherbringen. Du musst sie nur erkennen und zugreifen, wenn sie vor dir stehen. Oftmals sind es die unscheinbaren Momente, die sich in wahre Wunder verwandeln. Verpasst du eine Chance, werden sich unendlich viele neue Möglichkeiten vor dir ausbreiten, auch wenn du noch so viele dieser Momente übersiehst, werden umso mehr Chancen deinen Weg kreuzen. Die Acht als Zahl der Unendlichkeit gilt als Synonym für Sicherheit, Halt, inneres Gleichgewicht, Geborgenheit, Harmonie, Schutz und Vertrauen. Du brauchst keine Angst davor zu haben, wenn dir Dinge nicht gelingen, du kannst nichts verpassen, du bekommst unendlich viele neue Chancen.

Gottheit des Augusts:
Lugh – Gott des Lichts

Lugh, der Helle oder der Scheinende, ist in der keltischen Mythologie der Sonnengott und gilt außerdem als Gott des Handels, des Gewerbes, der Kunst und der Magie. Er verkörpert die ultimative Schöpfungsenergie, vitale Heilkunst und pure Lebenskraft.

Lugh wird dargestellt als junger Mann mit strahlend hellem Antlitz und goldglänzenden Haaren. Auf alten Bildern überreicht er die Sonne und ein brennendes Rad, fährt einen Streitwagen und trägt einen magischen Speer, dessen Strahlkraft du in jedem Sonnenstrahl erkennen kannst. Nach alten Sagen erkennst du in den farbenfrohen Regenbögen seine Schleuder und in der Milchstraße seine goldglänzende Kette. Zur geistigen Reife lehrt er dich, für dich selbst einzustehen, den eigenen Fähigkeiten zu vertrauen und Frieden mit deinen Emotionen zu finden – all dies sind nicht nur wichtige Schritte auf dem Weg zu dir selbst, sondern auch in ein Leben voller Kraft und Fülle.

Lichtmeditation

Um Lughs weise Ratschläge zu empfangen, kannst du eine Lichtmeditation durchführen.

- Suche dir einen bequemen Platz in der Sonne, in deiner Wohnung oder in der freien Natur, an dem du für die nächsten Minuten ungestört bist.
- Ob im Sitzen auf dem Stuhl, auf dem Boden oder im Liegen auf dem Rücken – wichtig ist, dass du in dieser Haltung ein paar Minuten lang ruhig verweilen kannst und dein Atem entspannt fließen kann.
- Schließe deine Augen und entspanne deinen Kiefer. Die Zunge ist entspannt und hat keinen Kontakt zu deinem Gaumen. Atme ruhig durch die Nase ein und aus.
- Betrachte die Farben, die durch deine geschlossenen Lider zu erkennen sind, versuche, Gedanken, die auftauchen, einfach vorbeiziehen zu lassen.
- Empfinde die Wärme der Sonnenstrahlen, lasse dich von ihnen streicheln und genieße dieses atemberaubende Gefühl.
- Bevor du die Meditation beendest, bewege leicht deine Hände und Füße und öffne erst dann deine Augen.

Zaubermetall für den August: Gold – Metall der Götter

Der Schimmer von Gold hat seit Urzeiten eine fast magische Wirkung auf die menschlichen Sinne. Das Wertvollste, Höchste und Edelste vereint sich in diesem sinnlichen Metall. Seine materielle Beständigkeit machen dieses Metall außerdem zu einem Symbol der Treue und des immerwährenden Ruhms. Zu allen Zeiten wurde Gold als unzerstörbares, ewiges Metall begehrt und verehrt. Gold leuchtet in den Religionen und Mythen, in Märchen, Kunst und Literatur. Es ist Symbol für Glanz und Gier, Macht und Magie. Im Umgang mit ihm zeigt sich der Mensch mit seinen geistigen Höchstleistungen und Träumen – und den Abgründen zerstörerischer Leidenschaften. Seine Schönheit, Schwere und Seltenheit machen dieses Edelmetall seit jeher zum Symbol für göttliche Unterstützung und Erleuchtung auf den Wegen der Erkenntnis. Als Sinnbild der Sonne, Unsterblichkeit, Reinheit und Weisheit verkörpert es Tugend und Rechtschaffenheit. Der Wert des Goldes zeigt sich auch darin, dass das Zeitalter, das seit der antiken Mythologie des Abendlandes für einen ursprünglichen Idealzustand der Menschheit, für ein Leben im Einklang mit allen Wesen der Erde steht, als goldenes Zeitalter bezeichnet wird. Alle lebten in Frieden und gingen der Muße nach. Arbeit war unbekannt, es herrschte vollendete Sicherheit und die zarten Lüfte des ewigen Frühlings umwehten sanft die bunten Blumen. Ewiger Frühling lag über dem Land, die süßen Früchte der Erde nährten die Menschen und Flüsse von Milch, Nektar und Honig strömten durch die zart-grüne Landschaft.

Amulette und Glücksbringer aus Gold vertiefen die innere Einkehr und ein geheimnisvoller, unsterblicher, wundervoller Hauch von Unendlichkeit, Ewigkeit und Vollkommenheit durchflutet beim Tragen deinen Körper. Gold war immer etwas Heiliges und nahm dort eine besondere Rolle ein, wo sich der Mensch mit dem Himmel und dem Göttlichen zu verbinden versuchte. Da der Glanz des

Goldes seit jeher mit der Kraft der Sonne assoziiert wird, gilt seine Ausstrahlung in nahezu allen Kulturen als überwiegend positiv und vermittelt sowohl Wärme als auch Optimismus und Reichtum. Das hell leuchtende Gold repräsentiert dabei Brillanz, Fröhlichkeit und die Aktivierung höchster spiritueller Energien. Gold gilt bis heute als Lebenselixier und wird in arabischen Ländern immer noch gerne in pulverisierter Form als edle Beigabe in Tees und Kaffees serviert. Es ist in der Volksheilkunde als gutes Mittel bekannt, das gegen Depressionen, zur Verbesserung tiefer Erschöpfungszustände, für Lebenskraft und zur Erlangung des inneren Gleichgewichts eingesetzt wird.

Pflanzenmagie des Augusts: Getreide – heilige Feldfrüchte

Unter der sengenden Augustsonne, wenn die kosmische Wärme das nährstoffreiche Getreide zur höchsten Reife geführt hat, beginnt dessen Ernte. Hafer, Gerste, Roggen, Weizen, Emmer, Einkorn, Dinkel, Hirse und viele Sorten mehr, prall gefüllt mit der höchsten Lebenskraft von Mutter Erde, füllen die leeren Speicher auf und schenken uns beste Nahrung für das ganze Jahr. Korn-Priester der Germanen und Kelten segneten in weißen Gewändern kurz vor der Ernte das kostbare Korn, indem sie in den vier Ecken des Feldes einige Ährenhalme schnitten, grüne Zweige verschiedener Gräser einsetzten und der großen Erdgöttin dankten.

Nutze die starke Lebensenergie dieser Getreideschätze, fertige daraus frische Flocken mit einer Flockenquetsche, weiche sie in Wasser oder Milch über Nacht ein. Vor dem Frühstück vermischst du sie mit Beeren der Saison, geriebenem Apfel, gehackten Haselnüssen und frischem Zitronensaft. Goldener Imkerhonig veredelt diese edle Götterspeise zu einer wahren Wundermahlzeit. Getreide, die Urnahrung unserer Vorfahren, verbindet dich wieder mit den Urkräften der

Erde, ihrem Geist, ihrer Stärke und ihrem Lebensmut, der dich selbstbewusst ohne Furcht die Herausforderungen des Lebens bewältigen lässt. Begegne diesen alten, weisen Urwesen der Pflanzenwelt mit Demut, Ehrfurcht und Dankbarkeit, dann zeigen sie dir, wie du dich mittels der in dir wirkenden inneren Kraft immer neu entwickeln, entfalten und wandeln kannst. Sie führen dich auf überraschende Art und Weise zu Lösungswegen und Möglichkeiten in Situationen, die scheinbar aussichtslos sind.

Baum des Augusts: Holunder – Medizinbaum der weisen Göttin Holle

In jedem Dorf, auf jedem Bauernhof stand früher dieser heilige Strauch, der der großen weißen Göttin, bekannt als Frau Holle, geweiht war. Nach alten Sagen führen seine Wurzeln zu den Wohnstätten von Zwergen und Kobolden, wo die Menschen Ratschläge für die Lösung ihrer Probleme erhalten und mit frischen Lebenskräften aufgetankt werden. Der Holunder sucht erfahrungsgemäß auch von selbst die Nähe des Menschen. So wächst er ungerufen tatsächlich am liebsten im Schutze alter Scheunen, nahe bei den Häusern und Höfen, an Wiesenrändern oder entlang von Bahngleisen. Seit alters her wird die Heilwirkung der immunstärkenden Holunderbeeren geschätzt, die zu diesem Zweck heutzutage fast immer zu Saft verarbeitet werden. Dieser gilt vor allem als äußerst schweißtreibend, findet Verwendung zur Vorbeugung und Behandlung von Erkältungskrankheiten, gegen Grippeviren aller Art und wird nach den Sagen und Legenden unserer Vorfahren auch gegen Hexen und Dämonen eingesetzt. Du kannst schon im Juni seine weißen Sternenblüten in heißem Wasser für einen fiebersenkenden Tee auskochen oder in Pfannkuchenteig getaucht mit Butterschmalz ausgebacken als leckere Hollerkücherl zubereiten. Im August, wenn die Beeren reif sind, kannst du diese zu einem Sirup kochen. So verleiht der Zauberbaum gute Laune, Lebensglück und kosmische Energie, die dir auch in traurigen Momenten tröstend zur Seite steht. Setze dich unter seine Zweige, spüre deren magische Ausstrahlung und höre den lautlosen Ruf der großen Göttin. Eine geheime Tür wird sich unversehens öffnen und du wirst mit all deinen Sinnen die Schwelle zu einem dir sonst fernen Reich übertreten. Auf dieser Reise lernst du, deine Krankheitsgeister zu neutralisieren und gleichzeitig frische Lebenskräfte aus kosmischen Sphären zu empfangen.

Holunderbeerensirup

DU BENÖTIGST:	ZUBEREITUNG:
1 kg Holunderbeeren *etwas Wasser* *ca. 750 g Zucker* *1 Bio-Zitrone*	Streife die reifen Holunderbeeren mit einer Gabel von den Stielen ab. Wasche die Beeren und sortiere dabei unreife Beeren aus, du solltest nur die vollkommen schwarzen Beeren verwenden.

Gib die Beeren in einen großen Topf und fülle diesen mit so viel Wasser auf, dass die Beeren geradeso bedeckt sind. Stelle den Topf auf den Herd und koche die Beeren circa 20 Minuten, bis sie weich sind.
Stelle nun einen weiteren großen Topf bereit, über den du ein Tuch spannst. Gieße die gekochten Beeren auf das Tuch und fange so den entstandenen Saft in dem Topf auf. Presse nun den restlichen Saft aus den Beeren, indem du das Tuch zusammendrehst und fest mit den Händen zusammendrückst oder mit einer Kelle daraufdrückst. Versuche, möglichst den gesamten Saft aus den Beeren auszupressen.
Gieße den Saft nun in einen Messbecher, um herauszufinden, welche Menge du erhalten hast, es sollte etwa 750 ml ergeben.
Gib den Saft dann mit der gleichen Menge Zucker wieder in den Topf und lasse diese Mischung unter Rühren 10 Minuten kochen.
Presse nach der Kochzeit die Zitrone aus, gib den Saft durch ein feines Sieb mit in den Topf und rühre ihn unter.
Fülle den Sirup heiß in saubere Glasflaschen, verschließe diese mit einem Deckel und lasse den Zaubertrank dann auskühlen. Kühl und dunkel gelagert, ist dein Holunderbeerensirup einige Monate haltbar.

Krafttier des Augusts:
Schwan – Bewahrer von Edelmut und Stolz

Schwäne bringen den Atem des Göttlichen in den menschlichen Geist. Sie wecken dein Verlangen, das Leben in seiner ganzen Fülle zu erfahren. Diese edlen Tiere dienen als wunderbarer Wegweiser, aus engen Bachläufen hinaus in den Fluss des Lebens und ins offene Meer der unbegrenzten Möglichkeiten zu tauchen. Sie ermutigen dich mit einer guten Prise Humor und wertvollen Inspirationen für deinen persönlichen Alltag, Herz und Verstand zu gebrauchen, sodass du die unermessliche Weite deines Potenzials erfahren lernst. Zudem bestärken sie dich zur Realisierung deines ursprünglichen Wesens, um die Verbindung zu deiner Quelle zu finden. In Situationen der größten Krisen helfen sie dir bei einem Neuanfang, unterstützen dich, dir treu zu bleiben, auf das Leben zu vertrauen und nach vorne zu schauen. Der Rat, mit einer neuen Sichtweise dein Leben zu leben, andere Maßstäbe an das Leben anzulegen, bewusster und achtsamer mit der Natur in Einklang zu leben und so mit neuer Hoffnung gestärkt in die Zukunft zu gehen, wird deinen Neuanfang deutlich erleichtern.

Planet des Augusts: Sonne - pralle Lebensenergie aus dem All

Die Sonne ist das Zentrum den Planetensystems und der hellste Stern im Universum. Eine kosmische Energiequelle, ein riesiger Kernenergiereaktor und 4,7 Milliarden Jahre alt. In ihrem Inneren herrschen 15 Millionen Grad, von ihrer Oberfläche aus schickt sie ihr Licht und ihre Wärme ins All und zu uns auf die Erde. Dieser Zauberkörper bestimmt alles Leben auf unserem blauen Planeten, spendet Licht, erwärmt das Land, die Meere, die Atmosphäre, lenkt das Klima und die Tageszeiten. Er entscheidet über Trockenperioden und Eiszeiten, bewegt den Wind, der über die Erde weht, und bestimmt unser Wetter.

Die Sonne gestaltet als größtes Himmelslicht durch ihre tägliche Präsenz das Leben des Menschen und seinen tiefsten Wesenskern. Sie erhellt deinen Geist, verbindet dich mit der Schöpfung und lässt dich Unendlichkeit spüren. In deinem Inneren öffnen ihre leuchtenden Strahlen deine Sinne für Erkenntnis und erwecken deine kreativen Kräfte, du entdeckst in ihr die Ursprungsenergie deiner Seele. Sie unterstützt dich bei der Verteidigung deiner eigenen Meinungen und Standpunkte. Ihr goldenes Licht auf deiner Haut bestärkt dich in deinen Impulsen, Ja zum Leben zu sagen und Verantwortung zu übernehmen. Die angenehme Wärme öffnet die Pforten zu deinem innersten Kern, deinen Gedanken, Gefühlen, deinem Geist und Bewusstsein. Ihre Leuchtkraft aktiviert und stärkt dein Immunsystem. Fröhliche Feierlichkeiten zu den beiden Sommersonnenwenden im Sommer und Winter erinnern an die uralte Sonnenverehrung. Sie haben die Jahrtausende überdauert und werden bis heute ausgelassen gefeiert. Die Sonne hat ihre Magie also nicht verloren.

In den strahlend weißen Zungenblüten der Kamille erkannten unserer Vorfahren einst sogar die Wimpern ihres Lichtgottes Lugh. Johanniskraut, Huflattich, Beifuß, Wegwarte, Königskerze, Goldrute, Löwenzahn, Engelwurz, Ringelblume, Walderdbeere, Esche, Walnussbaum, Wacholder, Lorbeer, Zitronenmelisse, Wegerich, Fünffingerkraut, Ingwer, Mistel, Thymian, Majoran bringen die Sonne in dein Herz. Ihr Duft und Geschmack holt die sommerliche Energie in deine Stube und erfüllt sie mit den unsichtbaren Heilgeistern für deine Seele.

Mit Benzoe, Gummi arabicum, Sonnenblumenblüten, Rosmarin, Majoran, Orangenblüten auf glühender Räucherkohle holst du den reinigenden Geist der Sonne in dein Zuhause.

Zauberorte des Augusts: Prachtvolle Burgen und Schlösser – Speicher verschollener Kräfte

Nebelschwaden, kalte, dicke Steinmauern, krächzende Eisentüren: Alte Schlösser und Burgen haben häufig ein schaurig-geheimnisvolles Ambiente. Sie stecken voller Geschichte – und neben belegten Ereignissen ranken sich auch Märchen und Sagen um die historischen Bauwerke. Ihr Atem fasziniert uns bis heute und speist unsere Ahnung darüber, wie wertvoll ihre Gegenwart für unsere Sehnsucht nach Geborgenheit und Heimat in einer sich immer schneller wandelnden Welt ist. Du schöpfst aus ihnen Kraft, sie stärken deine Psyche und du siehst deinen Lebensort mit neuen Augen. Sie vermögen dir die Erkenntnis in deine Wahrnehmung zu zaubern, dass die Geschichte deiner Vergangenheit, deiner Ahnen und Vorfahren Visionen für deine Zukunft weben, und legen deine tiefe Verbundenheit mit ihnen offen. Seit über tausend Jahren prägen sie unsere Landschaften, beflügeln unseren Geist und bestimmen unser Schicksal.

Alte Schlösser bewahren Geheimnisse. Mit einem Gefühl der Würde, düster und prächtig zugleich, ziehen sie dich an und versprechen, etwas Besonderes zu zeigen. Diese jahrhundertealten Bauten sind Zeugen großer Mysterien und bergen kostbares Wissen unserer Ahnen und Vorfahren. Versuche, durch die Pforten der Vergangenheit zu sehen. An was erinnern dich die Wände dieser alten Gemäuer? Welche Schicksale wurden in ihnen entschieden, was für Geschehen speichern sie? Gehe durch ihre gewundenen Korridore. Spürst du das Gefühl, dass du beobachtet wirst? Ihr Geist flüstert dir viele der Geheimnisse zu, die sie in sich tragen. Sie erzählen dir wahre Geschichten und führen zur Erkenntnis, dass dein Dasein nicht aus dem Nichts entspringt. Es ist eine Folge vieler Generationen, die dein Heute gestalteten, jene Zeit, in die du hineingeboren wurdest. Deine Vorfahren haben vielen bedrohlichen Herausforderungen des Lebens widerstanden und dir dein heutiges Leben ermöglicht. Sie haben sich für dich eingesetzt und die Welt geschaffen, sie sahen sich als Teil deiner Vergangenheit, Gegenwart und Zukunft und bewahrten das kostbare Erbe ihrer eigenen Vorfahren, reicherten es mit eigenen Leistungen an. Das Wissen von heute wurde für uns als Nachwelt der damaligen Geborenen festgehalten und ihr Geist wurde erhalten, gepflegt und auch mit aktuellen Erkenntnissen erneuert. Burgen und Schlösser, diese Zeugen der Vergangenheit, verbinden dich mit dem Wissensspeicher des Universums, wo alle Erkenntnisse und Geschehen festgehalten sind. Von dort erhältst du alle Informationen, die du brauchst, um den Sinn deines jetziges Leben zu verstehen, dich zwischen dem Diesseits und Jenseits zu bewegen, dem Sichtbaren und Unsichtbaren, dem Bewussten und Unbewussten. Wenn du in dieses unbekannte Reich wirklich eindringen möchtest, dann öffnen Schlösser und Burgen für dich ihre Schätze und Erinnerungen. Lausche dem Flüstern der Wände und erfahre von den Wurzeln deiner Geschichte, sie geben dir Orientierung und erklären dir, wer du wirklich bist.

Die magischen Wesen des Augusts: Korngeister – Hüter der Getreidefelder

Seitdem die Menschen Frucht anbauen, hüten Korngeister die Getreidefelder und sorgen für die Fruchtbarkeit der Feldpflanzen. Kornmuhme, Roggenmuhme, Getreidemann, Habergeiß, Kornmutter, Kornjungfer, Getreidemann, Kornmann sind Namen für diese Naturwesen, die durch Getreidefelder streifen. Ihre Anwesenheit kannst du spüren, wenn sich die Getreidehalme plötzlich bewegen, obwohl es windstill ist.

Bei der Ernte wurden bis vor wenigen Jahrzehnten häufig die letzten Ähren zu einer Gestalt zusammengebunden und verblieben als Opfergabe für die Naturgeister auf dem Feld. Hohle dir von dem übrig gebliebenen Getreide auf den Feldern einige Halme und forme sie ebenso zu einem Strohwesen. Stelle dieses Wesen in deiner Stube, auf dem Balkon oder im Garten auf, und du wirst auch den Getreidegeist spüren, der sich für deine Beachtung mit wunderschönen Inspirationen belohnt. Stelle ihm noch etwas Brot und Wasser dazu, dann belohnt er dich mit großartigen Ideen.

Räucherstoff für den August: Rainfarn – wertvolle Schutzpflanze

Rainfarn stärkt bei einer Räucherung unser Selbstbewusstsein, vermittelt Selbstvertrauen und kräftigt unsere Nerven. Sein Pflanzengeist vermittelt uns Vitalität sowie Stärke und ist unabdingbar bei energetischen Hausräucherungen. Hier bringt er eine klare, reine Atmosphäre, Geborgenheit und heilende Energien zurück in die

Stube. Rainfarn gilt als starke Schutzpflanze, vor allem, wenn wir die Raumluft von unangenehmen Besuchern reinigen wollen, die unsere Energie im großen Maße abzapfen. Er baut beim Räuchern um uns herum einen Schutz auf, innerhalb dessen wir zu Kräften kommen und alles Negative ins Positive transformieren können. In früheren Zeiten galt der Rainfarn auch als wettersegnendes Kraut. Um sich vor Unwetter und Blitzschlag zu schützen, wurde das getrocknete Rainfarnkraut von unseren Vorfahren im offenen Feuer verbrannt. Dazu wurden heilende Worte gesprochen und die himmlischen Mächte um schützendes Geleit durch die Unheil verkündenden Stürme und Himmelsfeuer gebeten. Rainfarn ist im Volksmund auch als Unsterblichkeitskraut bekannt, denn man räucherte zur Pestzeit intensiv mit Rainfarn die Zimmer der Kranken und Toten zur Desinfektion.

Ernte die köstlich duftende Blume am besten selbst in der Wildnis. Du entdeckst sie an Waldwegen, Schuttplätzen, Dämmen und Ufern an warmen, sonnigen Standorten mit oft sandigen und kargen Böden. Das würzige Aroma erinnert stark an Kampfer und Menthol, lockert Spannungen und gibt Herzenswärme frei.

Zauberinstrument im August: Der Zauberring des Lebens

Der Ring gilt seit Urzeiten als geheimnisvolles Element des Zaubers, das seinem Träger magische Kräfte verleiht. Material, Aussehen, Inschrift, Ort und Beweggrund des Erwerbs sowie segnende Worte aktivieren seine Zauberkräfte. Wie schon in Sagen und Legenden kann er als spezielles Tor wirken, mit dessen Hilfe ein bestimmter Geist oder eine bestimmte Energie herbeigerufen werden können. Wird der Ring einmal gedreht, hörst du deine Seele sprechen. Nun kannst du Wünsche äußern, Bedürfnisse anschauen, Fragen an ihn stellen und Überlegungen beginnen, wie du deine unerfüllten Träume erreichen kannst. Es ist wie ein Monolog, in dem du dir die Antworten auf deine Fragen selbst gibst. Der Ring sendet dir Impulse, die sich zu Gedanken formen und die Lösungen deiner Lebensaufgaben formulieren. Er hatte in der Vergangenheit zu verschiedenen Zeiten verschiedene Bedeutungen, galt unter anderem als Symbol der Ewigkeit, Vollständigkeit, Beständigkeit, als offizielles Versprechen (Verlobungsring, Trauring), als Sinnbild des Gedenkens (Trauer- und Gedächtnisring) oder auch als Zeichen des Wohlstandes, der Macht und Würde (Siegelring). Auch in der heutigen Zeit festigt der sogenannte Ehering den Zauber der Liebe und Verbundenheit zweier Menschen.

Die Bedeutung des Ringes ergibt sich aus seiner Form: Er hat keinen Anfang und kein Ende. So soll auch sein Zauber unendlich sein. Zudem steht er für ewige Lebenskraft, Segen und Schutz aus dem unendlichen Universum. Er belebt die Verbindung mit der Urkraft und Urquelle der Schöpfung, die beiden Grundpfeiler für Freiheit, Gesundheit, Brüderlichkeit und Lebensglück. Er aktiviert die Energien der Selbstheilung in unserem Körper, sorgt für Schwingungen voller Harmonie, Verbundenheit und Ruhe. Ein Ring verbindet dich sowohl mit den irdischen Energien als auch den anderweltlichen, deren Macht du jederzeit als magischen Quell abrufen kannst.

Brauchtum im Monat der reichen Ernte

Der Beginn der Ernte war in landwirtschaftlich geprägten Regionen zu allen Zeiten Anlass für ein fröhliches Fest zu Ehren des keltischen Sonnen-, Korn- und Erntegottes Lugh. Auch die Verarbeitung des frisch geernteten Korns zu leckeren Speisen spielt in diesem Monat seit Jahrhunderten eine herausragende Rolle. Dazu backst du am besten ein magisches Brot ohne Gluten, Hefe oder Backpulver mit aromatischen Samen, Nüssen, Kräutern und Gewürzen, welche deinen Gaumen verzaubern und deine Seele zum Tanzen bringen.

1. August: Lughnasadh

Das keltische Fest Lughnasadh, auch Lammas genannt, welches jedes Jahr am 1. August begangen wird, soll von Lugh, dem keltischen Sonnengott, selbst ins Leben gerufen worden sein. Die Kelten nannten ihn Lugh, den klugen, geschickten Gott, den Meister aller Künste, der mit seiner Glut und seiner Klugheit alles zur Reife, zur Vervollkommnung bringt. Er symbolisiert den Vollender, der dem grünen, sprossenden Leben mit seiner Glut ein Ende bereitet. Zu seinem Gedenken wurden und werden vielerorts am 1. August Feuerfeste veranstaltet, bei denen riesige Holzstöße verbrannt werden.

Die Kelten dankten ihrem Lichtgott Lugh zu diesem Fest auch für die Getreideernte, banden Kräuterbündel und segneten diese Kräuter. Diesen Kräutern wurde eine besondere Kraft zugeschrieben, sie dienten der spirituellen Heilung und schützten vor Krankheit und Gefahren.

15. August: Kräuterweihe

Aus dem alten Kräuterweiheritual, das bei den Kelten und Germanen an Lughnasadh gefeiert wurde, entstand der Name Kräuterweihtag oder Kräuterweihe. Im Christentum wurden diese Feierlichkeiten durch den Festtag Mariä Himmelfahrt am 15. August ersetzt. Dabei wurde das Fest mit dem germanischen Brauch der Weihe von magischen Kräuterbüscheln verknüpft und die Kräuterbüschel zur Kirche gebracht, wo sie auf den Kirchenalter gelegt und mit einem Segensgebet geweiht wurden.

Diese Kräuter wurden dann in der Hausapotheke verwendet und daraus heilende Tees oder andere Kräuterzubereitungen hergestellt.

Außerdem räucherte man auch mit diesen Kräutern, um das Haus zu reinigen und zu energetisieren. Im Haus und im Stall hängte man die Kräuterbündel an die Wände oder in Türen, wo sie vor Blitzschlag schützen und die Gesundheit der Menschen und Tiere wahren sollten.

Ob im christlichen oder auch nicht christlichen Zusammenhang, so feiern auch heute noch viele Menschen die Kräuterweihe. Sie sammeln Blumen und Heilkräuter aus dem Garten, Getreide von den Feldern und Früchte von den voll beladenen Sträuchern in der Natur und binden daraus ein Kräuterbündel. Kräuter, die dabei häufig Verwendung finden, sind: Königskerze, Johanniskraut, Schafgarbe, Alant, Brennnessel, Rainfarn, Arnika, Beifuß, Frauenmantel, Baldrian, Kamille, Thymian, Klee, Dost, Mädesüß, Ringelblume, Salbei, Dill, Liebstöckel, Pfefferminze sowie verschiedene Getreidearten und auch Rosen.

Du kannst dies selbst auch durchführen, indem du Kräuter in der Natur oder im Garten sammelst und zu einem Strauß bindest. Zu Hause kannst du deine gesammelten Kräuter mit einem Segensspruch wie »Ich danke der Erde für diese wundervollen Feldfrüchte« in einen stark heilenden Weihbüschel verwandeln. Spüre, wie dieser Segen deine Welt und dich selbst verändert. Empfinde den Zauber deiner eigenen Worte, wenn du deine Kräuter weihst.

DER HERBST HÄLT EINZUG

Der Herbst ist eine faszinierende, fesselnde und zugleich seltsam geheimnisvolle Phase eines Jahres, geboren aus dem wunderbaren Kreislauf der Natur, dem Wechsel der Jahreszeiten. Seine Verwandlungskünste versetzen die Menschen in eine mystisch anmutende Begeisterung. Du fühlst die Vergänglichkeit der Natur, die sich in einem Rausch feuriger goldbrauner Farben abzeichnet. Doch das Wissen um das Wiedererwachen des grünen Pflanzengeistes nach der winterlichen Ruhe lässt dich die Farbenpracht ganz ohne Wehmut genießen. Selbst die melancholisch trüben Herbsttage mit ihren schweren, undurchsichtigen Nebelschleiern werden von einer hoffnungsvollen Milde durchströmt – dazu das Knistern der Holzscheite im Feuer, die glosende Glut im Ofen, wenn die Dämmerung sich über das Land legt. Ein Sehnsuchtsbild voller Schönheit.

September – MONAT DER ÜBERGÄNGE

Septemberwärme dann und wann zeigt einen strengen Winter an.

Das Geheimnis des Monatsnamens und der Zahlenmystik im September

Der September ist der neunte Monat im gregorianischen Kalender, im römischen Kalender war er hingegen der siebte Monat. Sein Name leitet sich daher von dem lateinischen Wort *septem* (sieben) ab. Historische Namen für den September sind auch Scheiding, Herbstmond, Herbsting, Holzmonat und Engelmonat, Letzterer nimmt Bezug auf die ursprünglichen neun Erzengel.

Der neunte Monat im Jahr symbolisiert durch seine geheimnisvolle Zahl Vollkommenheit und göttliches Bewusstsein – die höchste Schwingung, die wir erleben können. Die magische Neun verbindet dich mit der göttlichen Schöpfung, deiner kosmischen Bestimmung, die dich zur innersten Erkenntnis führt, dass es stets das eine Bewusstsein ist, das sich in allem, was dir begegnet, erfährt.

Die Kelten sahen in der Neun das ganze Universum. Drei mal drei (die göttliche Zahl) ergab für sie einen Charakter der Vollkommenheit. Sie enthält die Fünf, welche Zeit und Raum erfasste, sowie die Vier als Anzahl der mystischen Himmelsrichtungen. Die Zahl Neun war auch bei den Germanen eine magische Ritualzahl. Sie bezieht sich auf die neun Stufen des Weltenbaums und die neun Tage, in denen Wotan, der Schamanengott, am Weltenbaum hing, um Erkenntnis zu finden. Bei Stammesfesten und Opferritualen wurden immer neun Nächte als Zeitraum der Feierlichkeiten eingehalten und die Zaubersuppe für körperliches Wohlbefinden enthält neun wilde Kräuter.

Gottheit des Septembers: Idun – Hüterin der heiligen Äpfel

Idun, auch Iduna genannt, verkörpert in der nordischen Mythologie die ewige Jugend und Unsterblichkeit. Sie gilt als Hüterin der goldenen Äpfel, deren Genuss den Göttern ewiges Leben verleiht und sie niemals altern lässt. Idun personifiziert auch die Göttin der ewigen Fruchtbarkeit und wird in diesem Zusammenhang unter dem Aspekt der ewigen Erneuerung dargestellt. Im Kontext mit dieser Erneuerung wird sie als Jungbrunnen beschrieben und damit mit dem Himmelswasser und allen Heilwässern in Verbindung gebracht. Wer aus einer Quelle trinkt, für den kann die Heilkraft auch einen besonderen Segen bedeuten. Er spürt, dass sich Schwingung und Energie des Heilwassers auf die Heilung auswirken. Zudem soll Idun auch ursprünglich das üppige Grün der Pflanzenwelt personifizieren, das mit den Herbststürmen verschwindet und im Frühling durch die wiedererwachte Sonne erneut geboren wird.

Idun lehrt dich, Grenzen zu überwinden, dich in neue, für dich bisher unbekannte Bereiche zu wagen, also zu transzendieren. So schaffst du es, deinem Leben eine neue Richtung zu geben und durch ein grenzenloses Lebensabenteuer zu reisen. Und du erkennst, dass das geheimnisvolle Land der Wirklichkeit immer umgeben ist von einem Meer der Möglichkeiten.

Zaubermetall für den September: Messing – der Zauber von Atlantis

Der Legende nach soll ein Metall namens Oreichalkos dem Inselreich Atlantis die strahlende Pracht seiner Gebäude gebracht haben. Als Atlantis in den Tiefen des Ozeans verschwand, ging mit ihm auch das wertvolle Oreichalkos unter, so erzählt die Legende. Oreichalkos ist die griechische Bezeichnung für Messing, eine Mischung aus Kupfer und Zink. Für die Atlanter soll Oreichalkos ebenso wertvoll wie Gold gewesen sein. Königsburgen und Tempel sollen mit dem mystischen Metall verziert gewesen sein. Auch werden Oreichalkos in der spirituellen Alchemie übernatürliche Kräfte zugeschrieben.

Spürbar wird dies bei der Verwendung von Klangschalen aus dem goldfarbenen Metall. Lausche den übersinnlichen Lauten der Klangschalen, den Schwingungen des Lebens und dem Geheimnis des Universums, veredelt durch das magische Metall Oreichalkos. Nimm jene Klänge auf, die dich mit dem Zauber der Harmonie vereinen und Inspiration, Weisheit, Schönheit, Liebe, Mystik mit deiner Seele vereinen. In jedem Ton klingt ein Geheimnis, aus dem das Unsagbare, das Unerhörte des Lebens spricht. So kommst du in Einklang mit dir selbst, deinem Sein, findest deine Lebensmelodie und befindest dich somit auf der Reise zu den Wurzeln deines Glücks.

Pflanzenmagie des Septembers: Rose – Königin der Düfte

»Die Rose – das Wunder aller Blumen, die blühen. Jedes Blatt ein Zeuge der Liebe. Selbst die himmlischen Mächte erfreuen sich ihrer. Sie ist die junge Leidenschaft der Aphrodite, mit ihrem süßen Parfüm macht sie ihre Herren trunken!«, so schwärmte der griechische Dichter Anakreon vor 2500 Jahren von der Rose. Ihr magischer Duft veranlasste römische Kaiser, bei ihren Festen und Umzügen auf den Prachtstraßen ihrer imperialen Metropolen Rosenblüten auf die Gäste herabregnen zu lassen und den Boden ihrer Paläste mit den Blüten orientalischer Duftrosen zu bedecken. So erfüllte ihr majestätischer Wohlgeruch die Räume ihrer Prachtbauten und hypnotisierte die Gedanken.

In der westlichen Kultur ist die Rose ein komplexes Symbol, das himmlische Vollkommenheit und irdische Leidenschaft darstellt. Sie steht für Zeit und Ewigkeit, Leben und Tod. Weiße Rosen versinnbildlichen Unschuld und Jungfräulichkeit, rote Rosen Leidenschaft und Begierde. Wegen ihres zarten Duftes gelten Rosen als Zeichen von Anmut und Schönheit. Die Rose steht auch für Ganzheit. Während der spirituellen Reise zur Einheit müssen Hindernisse und Schwierigkeiten überwunden werden, die durch die Dornen der Rose dargestellt werden. Die Dornen versinnbildlichen Schmerz, Blut, Verlust und Leiden. In diesem Wachstumsprozess wächst die Rose dem Licht entgegen und erreicht schließlich ihren höchsten Seinszustand, ihre Vollkommenheit: das Aufblühen der Blume. Dies ist ein Sinnbild für die menschliche Seele, die ebenfalls durch die Prüfungen, die sie zu bestehen hat, auf der langen Reise der mystischen Suche voranschreitet und schließlich zu der Schönheit und Reinheit gelangt, die unserem Herzen innewohnt.

Sammle die Blüten von Duftrosen aus deinem Garten oder von pinkfarbenen Kartoffelrosen in der Natur. Bedecke damit deinen Nachttisch oder das Fensterbrett deiner Stube. Sie durchziehen den ganzen Raum mit einem göttlichen Wohlgeruch, der deine Sinne verzaubert. Das himmlische Aroma harmonisiert die feinstofflichen Hüllen deines Körpers, bringt dein Herz zum harmonischen Schwingen und öffnet dich für die Hingabe an das Göttliche.

Baum des Septembers: Weißdorn – Zauberdorn

Jedes Jahr, wenn der Frühling ins Land zieht, sich der Weißdorn in sein weißes Blütenkleid hüllt und die Luft mit seinem süßen Duft erfüllt, zieht die Feenkönigin mit ihrem Feenstaat in einem prächtigen Festzug über bunt blühende Hügel und saftig grüne Täler. Im Herbst, wenn der erste Nebel die Landschaft in ein mystisches Zauberreich verwandelt, naschen diese lieblichen Naturwesen von den köstlichen, roten Zauberfrüchten des Weißdorns, die sie, mit süßem Honig vermischt, bei ihren Festmählern auch gerne ihren Freunden als Dessert darbieten.

In Sagen und Mythen werden dem Weißdorn bereits seit Jahrtausenden Zauberkräfte zugeschrieben. So fiel der Zauberer Merlin unter seinem Lieblingsweißdorn in einen bis heute andauernden Schlaf, aus dem er wieder erwachen soll, sobald seine Zeit erneut gekommen ist. In der keltischen Mythologie galt Weißdorn als Hüter der Elfenwelt, denn an Weißdornbäumen konnten die Menschen die Grenzen überwinden und in das Reich der Feen gelangen. In Irland herrschte der Glaube, dass Weißdornbäume die Wohnplätze der Feen seien. Noch heute fällt man dort deshalb keine allein stehenden Weißdornbäume aus Furcht vor der Rache der Feen und ist davon überzeugt, dass ein Weißdorn vor dem Haus vor bösen Geistern und vor Unwetter schützt.

Weißdorne haben ihr geborgenes Zuhause an Waldrändern in Waldmänteln, vor allem aber an Feldrainen, an Böschungen und auf Steinriegeln, an Hang- und Felskanten in Gesträuchen und Gebüschen, in Hecken und Feldgehölzen. Ihre Dornen und blutroten Früchte halten seit alters her übelmeinende Geister und Energien aus Haus und Hof fern und schützen vor schwarzer Magie, die in Form von Flüchen und bösen Worten dein Leben belasten. Zu diesem Zweck befestigst du die Zweige über der Eingangstür zu deiner Wohnstätte. Zudem kräftigt ein Tee aus seinen getrockneten oder frischen Früchten und Blüten dein Herz und beruhigt es in schwierigen Situationen.

Krafttier des Septembers: Hirsch – König des Waldes

Schau einem Hirsch tief in die Augen, und er wird deine Gedanken lesen können. Als Vermittler zwischen dem Diesseits und dem Jenseits ruft er das Besondere in dir wach, lässt es erblühen. Er ruft dir zu, die sanfte Stimme deines Herzens wahrzunehmen und ihr zu folgen. So gelingt dir der Kontakt zu deinen Ahnen, die dich gerne dabei unterstützen, sinnvoller zu leben und dein Lebenspotenzial voll auszuschöpfen. Achte auf die Botschaften der Verstorbenen, befolge ihre Führung und erkenne, was sie anders gemacht hätten, um mehr Erfüllung und Sinn im Leben erreichen zu können. Lausche den lautlosen Mitteilungen dieser faszinierenden Geweihträger voller Würde, Schönheit und Stolz, so lernst du, deine Einzigartigkeit und wahre Größe zu leben. Du erfährst, dass du anders bist als viele deiner Zeitgenossen, weil genau du etwas verändern kannst. Lebe deine Andersartigkeit jeden Tag, besorge dir dazu eine Abwurfstange eines Hirsches, lege sie auf deinen Esstisch, sie wird dich täglich an deine Aufgabe erinnern, für die Veränderungen in deiner Umgebung einzustehen, sie zu wagen und dich für eine bessere Welt einzusetzen.

Planet des Septembers: Ceres – Magie deiner wahren Größe

Der Zwergplanet Ceres ist nach der römischen Göttin der Landwirtschaft benannt. Sie symbolisiert das Leben, die Fruchtbarkeit und die Fülle, liebt die Erde und sorgt mit Eifer für Üppigkeit und Lebensfreude. In der spirituellen Interpretation geht es bei Ceres um das Wachstum der Seele, um das Erwachsenwerden und Loslassen. Sie rät den Menschen, Herausforderungen anzugehen, nicht zu verzagen und auch das rechte Maß zu finden, wenn notwendig gegen den Strom zu schwimmen, wenn deine innere Stimme sich gegen aktuelle Geschehnisse zur Wehr setzt. In der heutigen betriebsamen und hektischen Welt wissen die Menschen nicht, wie sie all ihre Arbeit erledigen sollen. Dadurch wird die Seele betäubt. Dies drückt sich darin aus, dass der Mensch seine Fähigkeit zu fühlen verliert, er wird charakterlos. Dadurch bedingt, wird die innere Stimme, die dir zuruft, dich endlich auf deinen eigenen Weg zu machen, immer leiser. Durch die Beschäftigung im Außen verliert die Seele ihre Orientierung, passt sich an und unterwirft sich. So wird allmählich dein Inneres, dein Kern vernichtet, bis im ungünstigen Fall deine Seele vorzeitig ihre Reise zurück zu ihrer wahren Heimat – die andere, unsichtbare Welt – antritt. Ceres versucht nun, deine wahre Größe sichtbar zu machen, sodass du endlich zu deinem Inneren, dem Wesentlichen in deinem Leben, sprich deiner wahren Aufgabe auf dieser Erde, findest.

Besorge dir Getreide wie Roggen, Dinkel oder Buchweizen, backe wieder selbst dein Brot, spüre mit jedem Korn die Magie der Erde in jeder Zelle deines Körpers und lasse dich von der kosmischen Strahlung des Planeten Ceres begleiten. Sein Zauber ist überwältigend, atemberaubend, einfach faszinierend.

Cerespflanzen sind alle Getreidearten, Früchte und essbaren Kräuter. Letztere kannst du sehr gut selbst auf der Wiese, im Wald und in deinem Garten sammeln. Weitverbreitet und leicht auf deinen Streifzügen durch die Natur zu finden sind: Spitzwegerich, Löwenzahn, Klee, Wiesenbärenklau, Brunnenkresse, Ehrenpreis, Beinwell, Brennnessel und Früchte wie Brombeeren, Himbeeren, Holunder, Weißdorn und Hagebutten. Umgib dich auch mit den mystischen Duftstoffen von Ceres. Lege gemörserten Roggen, Weizen, Gerste, Hafer oder andere Getreidesorten in Kombination mit Fichtenharz und Wacholderbeeren auf Räucherkohle und atme den Geist der Leben spendenden Gottheit ein.

Glutenfreies Buchweizenbrot ohne Mehl und Hefe

DU BENÖTIGST:	ZUBEREITUNG:
150 g Buchweizen, frisch geschrotet *130 g Walnüsse, gehackt* *100 g Leinsamen, frisch geschrotet* *je 1 TL Kümmelsamen, Anissamen, Fenchelsamen und Koriandersamen, gemörsert* *135 g Kürbiskerne, gehackt* *2 EL Chiasamen* *4 EL Flohsamenschalen* *1 TL Meersalz* *4 EL Olivenöl* *300 ml Wasser*	Gib alle Zutaten in eine Schüssel und knete diese mit den Händen so lange, bis ein fester Teig entsteht. Gib die fertige Teigmasse in eine Kastenform, die vorher mit Backpapier ausgekleidet wurde, und lasse den Teig 8 Stunden quellen. Backe das Brot danach bei 180 °C Ober-/Unterhitze 1 Stunde lang und lasse es dann vor dem Verzehr auskühlen. Verinnerliche bei jedem Bissen dieser würzig-betörenden Speise: Brote gelten als Vereinigung der Leben spendenden Gottheit mit den Menschen.

Zauberorte des Septembers: Heilige Quellen und heilende Brunnen – Bewahrer deiner Lebensschätze

Heilige Quellen, Jungbrunnen, das Wasser des Lebens – seit Menschengedenken spielen sie eine zentrale Rolle für die Völker, spiegeln sich in ihren Mythen und Bräuchen wider. Kulte und Überlieferun-

gen rund um Dorf- und Marktbrunnen, um Mirakel- oder Wunschbrunnen und um Heilquellen lassen die Magie und den Zauber unseres irdischen Lebens spüren. An den Quellen und Brunnen verbergen sich uralte Rituale, durch die sich die Einheimischen mit ihrem Land und den Naturzyklen verbunden fühlten. Um welche alten Traditionen handelt es sich? Bergen sie wichtige Botschaften für uns in einer Zeit, in der die Menschen immer mehr ihre Wurzeln vergessen haben, den Sinn unserer alten Bräuche und Rituale nicht mehr kennen und ihre geistige Orientierung verloren haben? Sie waren geschätzte Symbole des Lebens, der Fruchtbarkeit und der Erneuerung. Dort bedankten sich die Menschen bei den Göttern für die Unterstützung im irdischen Leben. An vielen der ältesten Brunnen finden sich faszinierende Spuren dieser Götteranbetung in Form von Motiven und Symbolen. Du spürst: Wenn du einen Platz bewohnst, aber dessen uralte Traditionen und Werte nicht kennst, dann geht die wahre Essenz und Lebenskraft verloren. Besorge dir Wissen über die Geschichte der Brunnen deiner Umgebung und der uralten Rituale. Einiges davon wird mancherorts immer noch aktiv praktiziert. Man kann es an Sommerabenden in der Nähe vieler dieser alten Brunnen erleben. Dort werden fröhliche und stimmungsvolle Feste zelebriert, um den Brunnen Dank zu sagen für die Ernte, die sie ermöglichen.

An diesen Tagen huldigen mehrere Generationen gemeinsam einer Tradition, die seit über 2000 Jahren existiert: Sie ehren die kostbaren, Leben spendenden Eigenschaften des Wassers, das uns inspiriert und mit dem Atem des nie versiegenden Lebens verbindet.

Besonders gut wirken Affirmationen an einem sagenumwobenen Ort wie einem Brunnen. Suche einen solchen in deiner Umgebung auf, breite ein Schaffell aus, setze dich darauf vor den Brunnen und nimm jedes Element seiner Erscheinung wahr. Schließe dann die Augen. Siehst du vor deinem inneren Auge, wie sich plötzlich der Zugang zu einer anderen Welt öffnet? Du gelangst in das Zauberreich des Verborgenen, erhältst Zutritt zu dem Unzugänglichen des Alltagslebens und erreichst die Tiefen des Unterbewusstseins, wo du die Urkraft in dir weckst, den Schlüssel zu deinem Glück.

Die magischen Wesen des Septembers: Nebelfrauen – Vorboten der Rauhnächte

Von Zeit zu Zeit, vor allem im Herbst und bei Nebelwetter, siehst du Wesen, die nur im Nebel auftauchen. Meistens erscheinen sie, wenn sich Nebelschleier in den Talsenken und über still daliegende Seen legen und das Land in eine mystische Welt verwandeln. Durch den Nebel kannst du vorsichtig tasten, die Ohren spitzen, die Feuchtigkeit auf der Haut spüren und die unbekannteren unter den Sinnen trainieren: Intuition und Einfühlungsvermögen. Lausche aufmerksam, dann vernimmst du ein Raunen oder leisen Gesang. Was mag es wohl sein? Was riechst du? Nebelschwaden vor dir, hinter dir, neben dir. Ihre Feuchte lässt sich auf deinen Wangen nieder und dein Atem wird immer schwerer, du vergisst Raum und Zeit. Als Vorboten der Raunächte kündigen sie die Winterzeit an. In Frauengestalt mit wehenden weißen Gewändern und langen weißen Haaren schweben sie an dir vorbei. Du siehst sie oft nur schemenhaft durch den Nebel huschen und gleichzeitig ahnst du, welche Geheimnisse sie hüten. Sie hauchen dir ein, wie wichtig es ist, mit der Vergangenheit endgültig abzuschließen und die verheißungsvolle Gegenwart zu umarmen. Höre ihnen in der mystischen Stille zu, und sie verraten dir wichtige Botschaften für ein Leben im Einklang mit der Schöpfung und der Natur.

Räucherstoff für den September: Kräuterbündel – heilende Magie

Eine magische Anzahl von Heilkräutern gehören in ein Kräuterbündel. Das können sieben, neun oder auch zwölf Pflanzen sein, heißt es, je nach eigenem Gusto. Heilkräuter wurden schon in heidnischen Zeiten den Göttern geopfert, als Dank für deren Schutz und für die

Heilkraft der Kräuter. In den Monaten Juni und Juli haben die Heilkräuter besonders viele Inhaltsstoffe, daher wurden in diesem Zeitraum alle Heilkräuter gesammelt, um die Familie mit Heilmitteln, vor allem mit Tees und Räucherungen durch die kalte Jahreszeit hindurch zu versorgen. Ab September ist die richtige Zeit gekommen, diese heilenden und schützenden Kräuterbündel einzusetzen.

In der Mitte des Bündels positionierst du die gelb blühende Königskerze und umgibst sie dann mit zahlreichen anderen Kräutern. Dazu zählen heimische Pflanzen wie Alant, Arnika, Baldrian, Beifuß, Frauenmantel, Kamille, Johanniskraut, Minze, Schafgarbe, Rainfarn, Thymian, Haselnusszweige, aber auch Majoran, Ysop, Goldrute und viele mehr. Anschließend wird dieser bunte Strauß im Haus aufgehängt. Große Buschen werden erst an einem luftigen Platz auf dem Balkon oder vor der Haustür getrocknet und finden dann ebenfalls einen Platz im Haus. Bei Unwettern und Stürmen kannst du einige dieser getrockneten Pflanzenteile im Feuer verbrennen, das soll zum einen vor Blitz und Unglück schützen, zum anderen aktivieren sie deine feinstofflichen Kraftfelder. Diese Energien liefern die Grundlagen für dein Befinden. Wenn sie harmonisch schwingen, wirst du voller Vitalität durch dein Leben gehen.

Zauberinstrument im September: Hausaltar und Haustempel

Hausaltäre waren in Privathäusern über viele Jahrhunderte hinweg selbstverständlich. Diese Orte der Meditation besitzen die magische Macht, eine nicht zu meisternde Welt in Ordnung zu bringen. Sie können einen Sinneswandel aktivieren, deinen Geist inspirieren, wie ein Betrachter aus einem anderen Blickwinkel. So berühren sie deine Seele, beleben deine Intuition, gewähren dir Schutz und Orientierung, ermöglichen dir die Verbindung zur unsichtbaren Welt und Kommunikation auf geistiger Ebene.

Ein Tisch, eine Kommode, ein schönes Tuch auf dem Boden oder ein Stein an der Wand dienen zum Aufbau dieser heiligen Orte. Nutze die Magie dieser heiligen Orte und schaffe dir selbst eine Opferstätte zum Empfang geistiger Botschaften. Ausgestattet wird diese mit Kerzen und Gegenständen, die eine besondere Bedeutung haben. Dies können Blüten, Steine, Nüsse, Räucherstoffe samt Räucherschalen, Federn sowie alle anderen Gegenstände sein, die dir lieb und teuer sind. Eine besondere magische Ausstrahlung verbreiten Dinge, die du während eines Spaziergangs durch die Natur findest: Federn, Nüsse, Bucheckern, Steine, Baumwurzeln, Blätter, Baumzapfen. Brennende Kerzen fördern die heilsame Zeit der Rückschau auf vergangene Zeiten, Erfahrungen und Handlungen, der tiefen Selbsterfahrung und Erkenntnis. So schaffst du auf unbewusste Weise dein ganz persönliches Heiligtum, einen Zauberort der Stille und Spiritualität, zu dem du dich zurückziehen und an welchem du Kraft und Lebensfreude schöpfen kannst.

Brauchtum im Monat des fallenden Laubes

Der September ist seit alters her eine Zeit der Übergänge, Veränderung und Neuorientierung. Die Felder sind abgeerntet, die Dunkelheit bricht früher herein und die Blätter der Bäume verfärben sich in berauschend unterschiedlichen Rot-, Gelb- sowie Brauntönen, bevor sie zu Boden fallen. Die kältere Jahreszeit hält Einkehr, nach einem lebhaften Sommer beginnt eine neue geheimnisvolle Zeit der Stille, die sich wieder mehr auf dein Inneres besinnt, deine Intuition, deinen Instinkt. Welche deiner vergangenen Erfahrungen fühlen sich gut an, welche weniger? Wie kannst du die positiven Erlebnisse vermehren? Wie die negativen in gewinnbringende Lebenserfahrungen verwandeln? Notiere dir deine Gedanken in einem edlen Notizbuch, in das du immer wieder gerne hineinschaust und in dem du die Wunder deiner Erkenntnisse in jedem niedergeschriebenen Wort spürst. So gelingt dir immer mehr die Einsicht in den kosmischen Wissensspeicher, der die Wege zu deiner Vollkommenheit, deinem göttlichen Bewusstsein, kennt und sie dir durch geistige Impulse mitteilt, wenn du wirklich bereit dazu bist. Nutze deine Aufzeichnungen als Quelle voller Möglichkeiten, um dich persönlich, emotional und spirituell weiterzuentwickeln und die Schwelle zu deiner unbegrenzten Schöpferkraft zu überschreiten.

Herbst-Tagundnachtgleiche

In der Zeit um den 22. September durchläuft die Erde den sogenannten Herbstpunkt. Das ist die Stelle auf der Umlaufbahn der Erde, an der die Nord- und Südhalbkugel gleich weit zur Sonne geneigt sind. An diesem Tag sind Tag und Nacht sowohl auf der Nordhälfte als auch auf der Südhälfte der Erde gleich lang. Zwischen Sonnenaufgang und -untergang liegen dann genau zwölf Stunden. Zum Zeitpunkt der Herbst-Tagundnachtgleiche nimmt das Licht ab und die Sonne verschwindet langsam in der Unterwelt, so der Glaube unserer Vorfahren. Nun beginnen die langen Herbstnächte, die Natur verliert ihre Kraft, die Bäume werfen ihr buntes Laub ab. Es ist die Zeit der mystischen Momente, wenn aus dem tristen Morgengrau eine geheimnisvolle und magische Atmosphäre entsteht, bevor die Sonnenstrahlen den Nebel endgültig durchbrechen. Es scheint fast so, als würden die Götter erwachen und der Mensch könne für eine kurze Weile zwischen den Welten wandern. In diesen Augenblicken stehen für dich die Tore zum anderen Reich weit offen, der richtige Zeitpunkt, um Botschaften aus dem universellen Wissensspeicher zu empfangen. Genieße diese Momente vor dem offenen Fenster, schließe die Augen, atme tief ein und langsam wieder aus. Sauge den reinen Duft des erwachenden Morgens ein, lasse dich führen von deinen Gefühlen und Gedanken.

Apfelernte – Blick in die Anderswelt

Apfelbäume gehörten zu den sieben heiligen Bäumen der Kelten und standen für Heilkraft und Unsterblichkeit. Auf Avalon gab es darum auch weder Krankheit noch Tod. Der Legende nach wurde König Artus wegen einer Verletzung, die im Normalfall zum Tode geführt hätte, von der Zauberin Morgaine auf die Apfelinsel Avalon gebracht und dort geheilt. Nun weilt er an diesem Ort und soll wiedergeboren werden, sobald die Menschen wieder bereit für einen weisen Lenker ihrer Geschicke sind. Mit dem Biss in einen Apfel können sich die Pforten zur Anderswelt öffnen, dem Ort der Weisheit, Wiedergeburt und der Brunnen der Seele, des Geistes und der Unsterblichkeit.

Vielerorts überreicht man in den Septembertagen frisch geerntete gelb, grün und rot glänzende Äpfel an Freunde und Familie als Glücksbringer. Lässt du in der Erntezeit ein paar Äpfel an den Bäumen hängen, so freuen sich Elfen und Feen über diese Gaben und belohnen dich das ganze Jahr mit ausgelassener Lebensfreude, Glück und mystischen Wundern.

Oktober –

MONAT DES ABSCHIEDS UND DES LOSLASSENS

Oktoberregen verspricht ein Jahr voll Segen.

Das Geheimnis des Monatsnamens und der Zahlenmystik im Oktober

Im altrömischen Kalender begann das Jahr mit dem März, sodass der Oktober der achte Monat war. Aus diesem Grund wurde er als *October* bezeichnet, abgeleitet von dem lateinischen Wort *octo* für »Acht«. Auch nachdem der Oktober im gregorianischen Kalender auf den zehnten Monat verschoben wurde, blieb es bei dem Namen. Andere Namen für den Oktober sind Weinmonat und Weinmond wegen des Beginns der Weinlese, oder Gilbhart, eine Name, der so viel bedeutet wie »viel gelb« – er setzt sich aus dem Wort *gilb* für die Gelbfärbung des Laubes und *hart* für »viel« zusammen. Auch den Namen Laubrost, benannt nach der rostigen Farbe des herunterfallenden Herbstlaubs, hat der Oktober inne. Aufgrund des Beginns der Verfärbung der Laubblätter wird er auch als goldener Oktober bezeichnet.

Der Oktober ist der zehnte Monat des Jahres. Die geheimnisvolle Zehn ist die Zahl der Vollkommenheit und zugleich eine mystische Grenze. Magisch und makellos. Sie ordnet dein Leben. Sie gibt Halt und Orientierung. Daher gelten die Zehn Gebote nach Mose im Judentum und in den christlichen Kirchen als der Schlüssel zu einer gelungenen Lebensgestaltung und beim Countdown eines Raketenstarts greift selbst die Wissenschaft auf deren magische Wirkungskraft zurück.

Gottheit des Oktobers: Heimdall – Gott des geheimnisvollen Regenbogens

Der Asengott Heimdall gilt als gutherziger, sanfter und gütiger Wächter des Regenbogens Bifröst, der Asgard, die Götterwelt, mit Midgard, der Menschenwelt, verbindet. Heimdall steht für geistige wie körperliche Stärke, Weisheit, Harmonie und Kommunikation. Es heißt, er hätte äußerst scharfe Sinne, womit er sogar die Wolle von Schafen wachsen hören kann. Zu Beginn der Ragnarök – in der nordischen Mythologie der Untergang der Götter – bläst er das schallende Gjallarhorn als Warnung vor der drohenden Gefahr. Aufgrund seines Wächteramtes kommt er mit wenig Schlaf aus, hat ein ausgezeichnetes Gehör und scharfe Augen. Heimdall reitet auf seinem treuen Pferd Gulltopp, das mit seiner goldenen Mähne jeden Menschen, der es einmal gesehen hat, mit den Tugenden dieses Asengottes belohnt.

Jeder Regenbogen vereint dich mit der Schönheit der Schöpfung, lässt dich staunen und begleitet dich in die kosmische Zauberwelt deines Daseins. Seit Urzeiten nehmen wir den Regenbogen als etwas wahr, das größer ist, als wir selbst erahnen können, etwas Überirdisches, ja Göttliches. Wenn du einen Regenbogen entdeckst, kannst du den Pulsschlag Heimdalls spüren.

Ein traumhaft schönes Lied über die farbenfrohe Brücke zur Anderswelt wird von Israel Kamakawiwo'ole gesungen, der Titel: »Somewhere over the Rainbow«. Besser kann man diese magische Himmelsleiter musikalisch nicht interpretieren. Begibt dich zum Lauschen seiner sanften, engelsgleichen Stimme in einen Lotussitz oder lege dich mit einer Decke auf den Boden, schließe die Augen, empfange seine mystischen Worte. Schon bei den ersten Klängen fühlst du den Pulsschlag dieses bunten, magischen Übergangs. Sofort erscheint eine feinstoffliche bunte Brücke vor deinem inneren Auge. Du schwebst hinüber und gelangst in die sagenhafte Zauberwelt des großen Bewusstseins, du fühlst es, siehst es und kannst es greifen.

Zaubermetall für den Oktober: Vitriol – der magische Stein der Weisen

Vitriol bezeichnet kristallwasserhaltige Sulfate von zweiwertigen Metallen, beispielsweise von Zink, Eisen oder Kupfer. Sie werden wegen ihres gläsernen Äußeren (lateinisch *vitriolus* = gläsern) als Vitriole bezeichnet. In alten Zeiten wurden die verschiedenen Vitriole häufig im Handwerk eingesetzt, Eisenvitriol kam in der Stofffärberei und zur Herstellung von Tinte zum Einsatz, Kupfervitriol wurde zur Desinfektion, zur Beizung von Getreidesaat, zur Bekämpfung von Pflanzenkrankheiten und zur Unkrautbekämpfung verwendet.

Enorme Bedeutung erlangten die Vitriole vor allem in der Alchemie, wo sie als Stein der Weisen gelten. Begründet liegt dies in dem Wort »Vitriol«, das sich aus den Anfangsbuchstaben eines Leitsatzes der Alchemie zusammensetzt: »Visita interiora terrae, rectificando invenies occultum lapidem, veram medicinam«, was so viel bedeutet wie: »Suche, was im Inneren der Erde liegt, läutere es und du wirst den zuvor verborgenen Stein finden.« Vitriole gelten deshalb als *prima materia*, als Ausgangssubstanz bei der Bereitung des Steins der Weisen, weil mit ihrer Hilfe die Umwandlung scheinbar wertloser Steine in wertvolle Metalle möglich ist. Somit ist der Vitriol ein Symbol für den alchemistischen Prozess.

Ein Vitriol bringt dir Einsicht und Erkenntnisgewinn, er sorgt für geistige und spirituelle Wachheit und Flexibilität, um dein Lebensglück zu finden und zu mehren. Dazu ist es notwendig, dass du dich selbst zu einer Meisterung deines Lebens aufmachst, deine Chancen und Möglichkeiten erkennst, die täglich mannigfach bei dir anklopfen. Dieses Metall hilft dir, deinen Geist, dein Bewusstsein und deine Wahrnehmung dafür zu trainieren, zu verfeinern und zu erweitern.

Pflanzenmagie des Oktobers: Brennnessel - Beschützerin deiner Lebensenergie

Brennnesseln findest du überall, wo sich Erdmännlein, Zwerge und Kobolde tummeln: an Wegen und Hecken, am Waldrand, auf Waldlichtungen und im eigenen Garten.

Die Fasern dieser feurigen Naturschätze sollen dein Schicksal spinnen. Wachsen diese um Haus und Hof, wehren sie schlechte Gedanken wie Missgunst und Neid ab, in der Nahrung verleihen sie dir Kraft, wenn du dich schlapp fühlst, getrocknet in einem Amulett um den Hals oder in der Tasche sorgen sie für Mut und Gelassenheit in schwierigen Situationen.

Koste das ganze Jahr, selbst im Winter unter der Schneedecke, von diesen prall gefüllten Speichern voller lebenswichtiger Stoffe. Sie öffnen dir die Pforten zu einem abenteuerlichen, spannenden Leben und entflammen in dir einen Klang der Schönheit, Kraft und Freude.

Als Chips zubereitet, entfalten die Brennnesseln ihre kosmischen Schutzkräfte in jeder Zelle deines Körpers.

Brennnessel-Chips

DU BENÖTIGST:	SO GEHT ES:
1 Handvoll Brennnesselblätter, frisch geerntet *50 ml Olivenöl* *etwas Salz*	Pflücke die Brennnesselblätter ganz frisch vor der Zubereitung, damit sie nicht welken.

Erhitze in einer kleinen Pfanne so viel Olivenöl, dass der Boden ungefähr 1–1,5 cm hoch bedeckt ist. Gib nun so viele Brennnesselblätter hinein, wie in einer Lage in die Pfanne passen, und frittiere sie knusprig aus.
Hole sie dann mit einer Zange aus der Pfanne und lege sie zum Abtropfen auf Küchenpapier.
Würze sie nach deinem Belieben mit Salz.

Baum des Oktobers: Eibe – Baum der Unterwelt

Von allen Bäumen besitzt die Eibe den größten und ältesten Reichtum an Mythen und die kostbarsten Schätze der Weisheit. Ein einzelner alter Baum ist imstande, sich aus völligem Verfall wieder neu zu schaffen. Die Eibe saugt mit ihren starken Wurzeln das Leben aus der Quelle der Erde wieder ein und baut sich erneut zu einem kraftvollen Wesen mit gewaltigen kosmischen Energien auf. Mit diesem eindeutigen Zeichen der Wiedergeburt stieg die Eibe mit ihrem Geist als göttlicher Baum der Wintersonnenwende in die Rituale der germanischen Feierlichkeiten des Julfestes auf. Sie gilt als wahrer Lebensbaum Yggdrasil. So lebt sie ewig und erzählt dir von den Geschehen vieler Jahrtausende, von der Weisheit jeder Generation, von der Wahrheit des Seins, von dem Sinn deiner Geburt und dem Reichtum deiner Möglichkeiten.

Nasche von ihren ungiftigen Zauberfrüchten, spucke aber die Kerne aus. Diese Zauberfrüchte flüstern dir die verborgenen Geheimnisse deines Lebens zu. Die Eibe spannt eine beeindruckende Brücke zur Spiritualität und Urzeit. Als eines der ältesten Lebewesen auf unserer Erde tauchst du in ihrer Gegenwart in die Geschichte deiner Urahnen ein, indem sie dir hilft, die Grenzen deines Bewusstseins zu erweitern und Kontakt mit dem Unsichtbaren aufzunehmen. Sie ist ein Anker, der dein Bewusstsein und deine Seele erdet und Halt gibt. Setze dich auf einem Schaffell unter ihre dichten Äste, schließe deine Augen, atme ihren kosmischen Wohlgeruch tief ein und reise mit ihr zur Quelle deines Lebens. Ihre roten Zauberfrüchte versüßen und erleichtern dir den Flug in die andere Welt.

Krafttier des Oktobers: Krähen – Boten des Schicksals

Krähen überbringen Nachrichten der drei Nornen, den Schicksalsgöttinnen, die seit deiner Geburt dein Tun beobachten und immer wieder einzugreifen versuchen, wenn sie die Notwendigkeit dafür erachten. Sie hüpfen vor dir auf die Straße, wecken dich durch ihr Geschrei auf dem Dach des Nachbarhauses in den Morgenstunden, sitzen in hoher Anzahl in den Baumkronen oder ziehen in großen Schwärmen schreiend durch die Lüfte.

Höre genau hin. Was bedeutet ihr Weckruf? Bist du gerade dabei, einen falschen Weg im Leben einzuschlagen? Könnte deine Freiheit bedroht sein? Versuchen fremde Mächte, dich zu begrenzen? Wird sogar deine Zukunft bedroht? »Sei ehrlich zu dir«, scheinen sie dir zuzurufen. »Schau der Wahrheit ins Auge.« Sie sind Urgeister und

Hüter deiner Bestimmung, die dich vor deinen Illusionen befreien und vor Lug und Betrug schützen möchten. Bedenke: je intensiver ihr Geschrei, desto größer die anstehenden Gefahren.

Planet des Oktobers: Uranus – Bewahrer deiner Visionen

Uranus ist nach dem griechischen Himmelsgott Uranos benannt. Der Gott Uranos gehört zu den ältesten griechischen Göttern und ist der Erstgeborene von Gaia, der Mutter unserer Erde, den sie ohne Begattung hervorbrachte. Er verkörpert den Himmel und gilt als Schöpfer des magischen Firmaments mit seinen vielen Sternen und himmlischen Naturwundern. Sein gigantisches Werk kannst du zu jeder Tages- und Nachtzeit bewundern. Ob Sonne, Mond oder deren Finsternis, ob Tierkreiszeichen, Sternschnuppen oder Polarlichter – all dies ist seine Schöpfung.

Die Energie des blaugrünen planetarischen Eisriesen Uranus lässt dich über die Grenzen deiner bisherigen Welt hinaussehen, er spürt, wenn diese nicht mehr zeitgemäß sind, du sie besser abbrechen solltest und neue Wege gehen solltest. So gelingt dir ein Leben in vollkommener Freiheit, Fülle und Glück. Du behältst den Überblick über das Geschehen und fühlst, wann die Zeit für einen Neustart reif ist. Mit dieser Fähigkeit hörst du immer auf dein Herz, fühlst den Tanz deiner Seele und inspirierst deinen Geist für ein selbstbestimmtes Leben. Je intensiver und regelmäßiger du auf die Mitteilungskraft von Uranus hörst, desto mehr bildet sich die in dir schlummernde Fähigkeit heraus, Botschaften über Telepathie und Intuition zu empfangen, die Wegweiser, Warnungen und Erkenntnisse sein können – Botschaften, die dir Halt bringen, wenn Zeiten der Umbrüche und Wandlungen einsetzen. Mit Visionen in deinem Herzen trägst du Träume und Wünsche in dir, die endlich Realität werden sollen. Mit all deinen

Gefühlen, deinen Gedanken, deinem Verhalten und deinen Worten kannst du ihnen Leben einhauchen.

Uranuspflanzen wie Kresse, Minze, Baldrian, Karotte, Olive, Löwenzahn, Vogelmiere, Zitrusfrüchte, Birke, Wiesenbärenklau, Natternkopf und Ehrenpreis solltest du regelmäßig in deinem Speiseplan verarbeiten. So kannst du Uranus' besondere Botschaften besser empfangen und vor allem auch leichter umsetzen.

Zauberorte des Oktobers: Vulkane – Kraftorte der Erdmutter Jörd

Glühende Hitze, Dämpfe, die den Atem rauben, unheimliche Vibrationen, dazu eine beängstigende Geräuschkulisse, ein Rumoren, Zischen, Donnern. Rotglühende Lava und brennende Steine, die fließende Feuerspuren auf die Erde und in die Luft zeichnen, bedrohlich und von überirdischer Schönheit zugleich. Vulkane sind Schmelztiegel der Schöpfung. Schon immer haben sie die Menschen fasziniert und gleichzeitig mit Angst und Schrecken erfüllt. Manche vermuteten hier den Eingang zur Hölle, andere die Schmieden der Feuergötter.

Besuche diese Öffnungen in der Erdkruste, aus denen zu aktiven Zeiten der Vulkane Lava und Gase entweichen können. In manchen Ländern findest du noch aktive Vulkane, die du bitte ausschließlich in Begleitung eines erfahrenen Führers aufsuchen und betrachten solltest. Aber auch ruhende oder inaktive Vulkane üben ihre Macht auf uns aus, sodass die Kraftorte auch in diesem Zustand auf uns wirken. Lege dich am Hang eines nicht mehr aktiven Vulkans auf die dunklen, trockenen Lavaspuren, schließe die Augen und fühle mit den Händen diesen erkalteten, doch von der Sonne gewärmten, unebenen schwarzen Boden aus den glühend heißen Tiefen der Erde, wo in jedem Moment deines Lebens neue Erde geschöpft wird aus einer nie versiegenden

Quelle. Vereine dich mit der Seele der Schöpfung, den heilenden Energien aus dem magischen Innern der Erdmutter Jörd. Höre, wie sie zu dir spricht: »Du bist ein Teil der Natur – unserem ureigensten Lebensraum, in dem du verwurzelt bist, der dich nährt und dir Kraft spendet.« Erst wenn du diese Einheit wieder spürst, kannst du dich rückverbinden mit deiner eigenen inneren Natur.

Die magischen Wesen des Oktobers: Alumnen – Hüter des Regenbogens

Alumnen hüten den Geist des Regenbogens, das Symbol der Vereinigung der kosmischen Kräfte mit dem Erdengeist. Es heißt, diese Feuerwesen bauen entlang deines Schicksalsweges kleine Regenbögen für jedes Versprechen, das aus deinem Munde kam und gehalten wurde. Bist du wortbrüchig geworden, werden diese bunten Zauberbögen wieder verschwinden, dein Leben wird zunehmend farbloser werden und der kosmische Schutz abnehmen. Ebenso verhält es sich mit Selbsttäuschungen, Vorwänden und Geringschätzungen deinen Zeitgenossen gegenüber, Aktivitäten, die deinen Geist gefangen halten und deine Wahrheit verdunkeln. Alumnen versuchen, dich daraus zu befreien, und treten als dein Gewissen auf. Siehst du einen Regenbogen, sind die Alumnen ganz in deiner Nähe, sie winken dir zu und geben dir sogar die Möglichkeit, dich durch Erkenntnis von falschen Entschuldigungen, geheucheltem Interesse und faulen Ausreden zu lösen und erneut über die Brücke des Regenbogens zu wandern, in das Reich großer Erfolge, Glück, Lebenssinn und unendlicher Lebensfreude, um erneut in Einheit mit der Seele der Erde und den kosmischen Energiequellen zu leben.

Dieses himmlische Kaleidoskop ist ein Zeichen des Neubeginns, der hoffnungsvollen Verwandlungen des Herzens und der stetigen Verbindung deines Geistes mit den mystischen Energien des Universums. Alumnen weisen dir den Weg über dieses geheimnisvolle Naturphänomen in den Zustand des erleuchtenden Bewusstseins und vollkommener Glückseligkeit. Mit ihnen überschreitest du die Brücke von der sichtbaren Welt in ein Reich des Unsichtbaren, Magischen und Übernatürlichen, wo kostbare sinnliche Schätze auf dich warten. Alumnen beweisen sich als übernatürliche Boten, die deinem Bewusstsein kosmische Nachrichten bringen. Siehst du einen Regenbogen, halte inne und schaue dem magischen Farbenspiel zu. Vertiefe dich in die sieben bunten Farbtöne. Schaue mit starrem Blick und lasse das Bild verschwimmen. Lehne dich innerlich zurück und entspanne dich dabei. Lasse den Tanz der Farben vorbeiziehen, grüße innerlich die Wesen, die diese Lichtspiele beleben, und warte, was geschieht. Ganz langsam verschwinden Raum und Zeit, du schwebst in eine neue Dimension. Spüre, wie sich dein Geist mit der Seele des Universums verbindet und sich die Pforten zu den Wundern deines Lebens öffnen.

Räucherstoff für den Oktober: Räucherharz Labdanum – balsamische Verzauberung

Labdanum ist ein Harz, das in der Mittelmeerregion aus verschiedenen Arten von Zistrosen gewonnen wird. Es ist seit Jahrhunderten als Räucherstoff beliebt, so verräucherten es keltische Frauen bei der Morgentoilette, um Kleider und Körper zu beduften. Im alten Ägypten wurde Labdanum in der Kyphi-Räuchermischung verwendet, bei den Hebräern kam es bei der Herstellung von Weihrauch zum Einsatz und auf Zypern, der Insel der Aphrodite, war es der Liebesgöttin geweiht.

Beim Räuchern von Labdanum verbindet dich sein angenehm kräuteriger, Ambra-artiger, balsamischer Wohlgeruch mit der spirituellen Dimension jedes deiner einzelnen Chakren und führt dich in die wundersame und multidimensionale Welt der Feinstofflichkeit, die du mit deinem Alltagsbewusstsein nicht wahrnehmen kannst. Dieser Duft wirkt auf dein seelisches und körperliches Wohlbefinden in höchstem Maße. Seine unsichtbaren Schwingungen lösen blockierende Muster auf, bauen Stress ab, heilen seelische Verletzungen und fördern das eigene spirituelle Wachstum.

Zauberinstrumente im Oktober: Kerzen – Sinnbild ewigen Lichts

Wir kennen den Zauber einer brennenden Kerze, die Ruhe und Harmonie ausstrahlt. Ihr strahlend helles Licht symbolisiert die Seele, die den Tod besiegt und als Licht ins ewige Leben eingeht. Sie erinnert sowohl an unsere Ahnen als auch an glückliche Stunden. Kerzen können auch als Zeichen des Dankes und zur Erfüllung eines Versprechens oder Wunsches verstanden werden. Sie können aus Dankbarkeit dafür entzündet werden, dass etwas erfüllt wurde, um das du gebeten hast.

Kerzenlicht verbreitet immer eine friedliche, besinnliche, magische Stimmung im gemütlichen Zuhause, bei festlichen Anlässen, in der Natur an einer Quelle, unter einem Baum. Dabei spüren wir die Gegenwart übersinnlicher Schwingungen, wir hören das magische Summen von Bienen, den zaubervollen Gesang der Vögel, wir nehmen den balsamischen Duft der harzigen Bäume oder der honigsüß riechenden, zarten Wiesenblumen wahr, wir sehen das hoffnungsvolle, tröstende Grün der sanft daliegenden Hügel. Die Welt verändert sich in Gegenwart einer Flamme zu einem zaubervollen Paradies. Kerzen, wie auch alle andere Symbole, wirken auf deinen Geist, formen deine Gedanken und damit auch ganz wesentlich dein Schicksal.

Brauchtum im Monat des Abschieds und des Loslassens

Der Oktober bringt scharfe Stürme und herbstliche, wenn auch mit Glück noch wärmende Mittagsstunden. Die Blätter fallen von den Bäumen, das Grün verwandelt sich in unterschiedlichste Gelb-, Orange-, Rot-, und Brauntöne, zarter Hauch umgibt das Land. Die Stube wird nun mit bunten Blättern von Ahorn, Eiche, Berberitze oder Zaubernuss geschmückt und verwandelt die Stimmung in ein berauschendes, ja magisches Faszinosum. Nun ist es Zeit, Bilanz zu ziehen, Schutzhüllen und Masken wie die Blätter der Laubbäume fallen zu lassen und sich auf den eigenen Kern zu besinnen.

Im Mittelalter galt der Oktober als heiliger Monat, in dem bevorzugt geheiratet wurde; auch Könige heirateten meistens im Oktober, wie zum Beispiel Kronprinz Ludwig, der spätere König Ludwig I. von Bayern, der sich am 12. Oktober 1810 mit Therese von Sachsen-Hildburghausen vermählte. Zur Erinnerung an diese Feierlichkeiten wird bis heute das weltbekannte Oktoberfest in München zelebriert.

Erntedank

Der Oktober gilt als Monat der Erntedankfeste. Früher war die Ernte der landwirtschaftlichen Produkte für die Menschen noch viel wichtiger, als es heute der Fall ist. Deswegen haben die Menschen schon immer ihren Göttern für die Ernte gedankt. Wie der Name schon sagt, feiern wir Erntedankfeste aus Dankbarkeit für die Gaben der Natur zur Zeit der Ernte, also immer im Herbst.

Mit vielen Früchten, Gemüse, Getreide, Kürbissen oder Brot schmückst du in dieser Zeit deine Stube, um die Bedeutung von Erntedank wieder ins Gedächtnis zu rufen. Du wickelst Kränze aus Ähren, die mit Feldfrüchten geschmückt werden. Ein solcher Kranz symbolisiert den Jahreszeitenwandel und den Kreislauf der Natur. Jetzt kannst du auch wunderbare Herbstspaziergänge unternehmen und den Wandel der Natur und der Jahreszeiten beobachten. Nimm dir Zeit und beobachte, es ist faszinierend, was du alles entdecken kannst. Der Planet Erde ist eine paradiesische Wunderkammer. Unsere Welt ist voller wunderschöner Schätze, wir müssen uns nur manchmal Zeit nehmen, innehalten und achtsam beobachten, was um uns herum geschieht.

Bereite deine Speisen selbst aus den im Oktober geernteten Lebensmitteln zu, so erhältst du tiefe Einblicke in die Verbindung zwischen Mensch und Natur. Du erlangst den Zugang zu den Pflanzen, spürst ihre Seele, ihre Heilkraft mit jedem Bissen. Iss mit Bewusstsein und nimm alle Speisen so zu dir, dass es einer heiligen Kommunion gleichkommt. Mit selbst gebrannten Walnüssen und einem Glas Wasser oder gutem Wein kannst du eine heilige Zeremonie im Wald auf moosbedecktem Boden mit einer Kerze feierlich begehen.

Gebrannte Walnüsse

DU BENÖTIGST:	SO GEHT ES:
300 g Zucker *2 TL Vanillezucker* *1 Prise Zimt* *1 Prise Nelkenpulver* *200 ml Wasser* *300 g Walnüsse*	Gib alle Zutaten bis auf die Nüsse in einen Topf und erhitze sie, bis der Zucker aufgelöst ist. Füge anschließend die Walnüsse hinzu und lasse dies alles bei mittlerer Hitze köcheln, bis das Wasser verdampft ist. Rühre zwischendurch mehrmals um, damit nichts anbrennt.

Wenn die Walnüsse mit einer Karamellschicht überzogen sind, sind sie fertig.
Verteile dann den Topfinhalt auf ein mit Backpapier ausgelegtes Brett und lasse die Nüsse auskühlen.

31. Oktober: Halloween

Aus dem Vorabend von Allerheiligen und dem Beginn des keltischen Samhain-Fests im November wurde der All Hallows' Eve – und im Laufe der Zeit daraus Halloween. Die Kelten glaubten, dass in der Nacht vom 31. Oktober auf den 1. November die Geister der Toten auf die Erde zurückkommen, dass diese heimatlosen Seelen den Lebenden aber nicht wohlgesonnen sind und daher ihr Unwesen mit ihnen treiben. Aus diesem Grund verkleideten sich die Kelten, damit die Totengeister die Menschen nicht erkennen und ihnen kein Unheil zufügen konnten. Heute hat sich dieser Brauch so weit gewandelt, dass vor allem Kinder und Jugendliche am Abend des 31. Oktobers, wenn es dunkel geworden ist, als Gespenster und Hexen verkleidet von Haus zu Haus ziehen, »Süßes oder Saures« rufen und damit Geld oder Süßigkeiten einfordern. Erhalten sie diese nicht, spielen sie den Hausbewohnern einen Streich. Gibt man ihnen etwas, so werden sie der Legende nach zu Segensgeistern. Nach dem Umzug durch die Gemeinde wird auf einer gemeinsamen Feier gelacht, getanzt, gespielt, gegessen und harmloser Schabernack getrieben.

Ein weiterer beliebter Brauch, der zu Halloween gerne zelebriert wird, ist das Aufstellen von Kürbissen, die man vorher ausgehöhlt und in diese Fratzengesichter geschnitzt hat. In diese Kürbisse, die meist den Hauseingang schmücken, stellt man am Abend eine flackernde Kerze. Dieser Brauch lässt sich nach Irland zurückverfolgen: Als der Bösewicht Jack O'Lantern starb, entkam er durch eine List aus der Hölle, als er aber in den Himmel kam, war die Tür dort für ihn verschlossen. Jack war verdammt, ewig zwischen Hölle und Himmel zu wandern. Auf der Suche nach einem Ort, an dem er bleiben konnte, legte er ein glühendes Stück Kohle, das ihm der Teufel geschenkt hatte, in eine ausgehöhlte Rübe und machte sich mit diesem Licht auf dem Weg. Daraus entstand der Glaube, dass ein Glühen in einer Rübe die Macht habe, den Teufel und böse Geister fernzuhalten. Als viele Iren nach

Amerika auswanderten und diesen Brauch mitnahmen, wurde die Rübe durch den Kürbis ersetzt, da Rüben dort rar, Kürbisse aber reichlich vorhanden waren. So werden noch heute zu Halloween Kürbisse geschnitzt und Kürbislaternen zum Schutz vor bösen Geistern vor das Haus gestellt.

Mit Räucherkegeln, Räucherstoffen wie Styrax, getrockneten Rosenblüten, Lavendelblüten und einem eingedeckten Platz für die Ahnen kannst du diesem Treiben einen wahrhaft tiefen Sinn einhauchen. Nicht nur kannst du durch das Räuchern deiner Ahnen gedenken, sondern ihnen auch Dinge mitteilen, die dir auf dem Herzen liegen. Sie werden dich hören, denn an diesem Abend ist der Schleier zwischen unserer und ihrer Welt besonders dünn.

November – MONAT DER ORIENTIERUNG AUF DIE INNERE STIMME

„Allerheiligen-Reif macht die Weihnacht starr und steif.“

Das Geheimnis des Monatsnamens und der Zahlenmystik im November

Der November ist der elfte Monat des Jahres in unserem Kalender. Da er im römischen Kalender ursprünglich der neunte Monat war, leitet sich sein Name von der lateinischen Zahl *novem* für Neun ab. Alte deutsche Namen für den November sind Windmond, Herbstmond, Nebelmond, Nebelung, Schlachtmond oder Schlachtemonat, da zu dieser Zeit das Schlachten der Schweine üblich war. Zahlreiche Anlässe des Ahnengedenkens in dieser Zeit begründen die Bezeichnung Trauermonat.

Die Zauberzahl Elf steht für Inspiration und Erleuchtung sowie für die Fähigkeit, Ideen zur Realität werden zu lassen. Unter ihrem magischen Einfluss kannst du den Sinn in deinem Leben entdecken. Sie öffnet dir die Pforten zu deiner Lebensaufgabe, die du tief in dir trägst, die sich entfalten möchte, um das Leben zu führen, für das du bestimmt bist. Dabei entdeckst du, dass du dich gar nicht anstrengen musst, irgendetwas zu werden, weil du die Fülle bereits in dir trägst. Sie ermutigt dich, deiner Intuition zu vertrauen, deine Gefühle auszuleben und nach deiner inneren Stimme zu handeln. Mit der Aura des elften Monats werden deine Gedanken frei. Sie gestalten dein Schicksal, sind Schlüssel zu deinem Lebensglück. Nutze ihre verborgenen Urkräfte, indem du ihnen einfach nur folgst.

Gottheit des Novembers: Hel - göttliche Botin aus der Anderswelt

Hel ist die Herrscherin des Reiches der Unterwelt oder Anderswelt, in welches die Toten gehen, wenn sie ihr Leben auf der Erde beendet haben. Sie ist die Göttin, die uns die Dinge zwischen Himmel und Erde lehrt, die uns Menschen unerklärlich und unbegreiflich erscheinen – Dinge, die mit Geburt und Sterben zusammenhängen, aber auch mit übernatürlichen Erlebnissen und Botschaften von unseren Ahnen. Wunder, Wissensdurst, Schicksalsschläge oder tiefer Glaube öffnen uns die Türen zu ihr und verbinden uns mit einem faszinierenden Leben im Jenseits. Wir lernen unsere schöpferischen Fähigkeiten kennen und entdecken eine neue Bewusstseinsebene mit einer unversiegbaren Quelle an Lebensenergie.

Durch regelmäßige Meditationspraxis ist es möglich, profunde mystisch-transzendente Erfahrungen auszulösen. Hel lässt dich dein wahres Wesen spüren, deinen freien Geist, und führt dich durch eine magische Pforte zu deinem Sein, das viel fantastischer und phänomenaler ist, als du bisher glaubtest. Sie lehrt es dich auf mystischen Streifzügen durch alte, moosbedeckte Wälder. Tiefes Eintauchen in die Natur und ein Baden in der kraftvollen Energie der Bäume und des Waldbodens erleichtern den Kontakt zur atemberaubenden Anderswelt. Setze dich inmitten der Bäume auf den Boden oder auf einen Baumstumpf und lausche: Hörst du die fröhlichen Gesänge und Warnrufe der Vögel, das Rauschen des Windes in den Ästen und Zweigen? Siehst du die Baumkronen im Wind tanzen? Atmest du das saftige Grün des Mooses, seinen feuchten Wohlgeruch und den harzigen Duft von Tannen,

Fichten und Kiefern? Ein wahres Fest für die Sinne und eine geeignete Brücke in die Welt des Übernatürlichen, in das Reich der anderweltlichen Göttin Hel. Achte auf ihre Botschaften, die dir über Impulse zu neuen Gedanken überbracht werden, und schöpfe aus dem Reichtum unendlicher Möglichkeiten für dein irdisches Leben.

Zaubermetall für den November: Zink – wertvolles Metall aus der Erdkruste

Zink ist ein bläulich-graues, unedles Metall, das wir alle aus dem Alltag kennen. Zum einen wird es als Korrosionsschutz für Eisen- und Stahlteile verwendet, die dazu mit einem Überzug aus Zink versehen werden, was man verzinken nennt. Zum anderen kennen wir alle Milchkannen, Kochtöpfe, Gießkannen, Wannen und Eimer aus Zink, diese nützlichen Alltagsgegenstände aus dem blaugrauen Metall der Nachkriegsjahre. An diese gute alte Zeit erinnern wir uns immer gerne. An damals, als wir noch Kind waren, als die Welt noch heil war und die Zukunft rosig erschien. Diese Zinkgegenstände bilden einen Schutzmantel für unsere Seele. Es handelt sich um eine lebhafte, sentimentale Sehnsucht nach Gegenständen aus der heilen Vergangenheit, die deine Stimmung heben und gute Laune hervorzaubern. Generell fördert Zink die Intelligenz, die Intuition und es kann dich dabei unterstützen, Veränderungen im Leben anzugehen und alte Strukturen aufzubrechen.

Der Mineralstoff Zink ist in über 300 Enzymen unseres Körpers enthalten. Dies sind Substanzen, die dem Körper helfen, Nahrung zu verdauen und Nährstoffe aus Proteinen, Kohlenhydraten, Fetten und Pflanzenfasern aufzunehmen. Sie sind an allen chemischen Reaktionen beteiligt, die in unserem Körper stattfinden, wie der Regeneration von Zellen, der Beseitigung von Abfallstoffen und Giften und auch der Stabilisierung des Immunsystems. Kurz gesagt, wären wir ohne Zink nicht in der Lage zu leben.

Pflanzenmagie des Novembers: Efeu – Sinnbild des ewigen Lebens

Die immergrüne Schlingpflanze erklimmt mit ihren kleinen Haftwurzeln die Baumriesen unserer magischen Zauberwälder, windet sich durch feuchte Auengehölze und alte Steinbrüche, in denen Zwerge fleißig arbeiten, sowie durch geheimnisvolle Ruinen, die von dem Geist des Ortes aus vielen Jahrhunderten erzählen. Im alten Rom trug man bei feuchtfröhlichen Gelagen Efeukränze auf dem Haupt und schmückte die Tische mit seinen magischen Ranken, da er freudige Ausgelassenheit nährt und die vom Alkohol erhitzte Stirn zu kühlen vermag. Als Sinnbild für Freundschaft, Zuverlässigkeit und Treue werden bis heute in vielen Brautsträußen Efeuzweige eingeflochten. Wie viele andere immergrüne Gehölze steht Efeu für ewiges Leben und Auferstehung in eine neue, andere Welt, weshalb es oft bis heute auf Gräbern eingepflanzt wird.

Breite im Herbst seine mit grüngelben, halbkugeligen Früchten besetzten Ranken auf Tischen, Kommoden und Fensterbänken aus. Forme auch Efeukränze und lege sie um eine weiße Kerze herum. So schaffst du eine Atmosphäre, die dich in ruhigen Momenten zum Meditieren aufruft. Setze dich bequem in einen Sessel, auf ein Fell, das auf dem Boden liegt, und nimm eine für dich bequeme Haltung ein. Atme langsam tief ein und aus und betrachte den Kranz mit der Kerze. Nach und nach gerätst du in eine Trance, in der sich die Pforten der Erkenntnis öffnen. So tauchst du in den kosmischen Wissensspeicher ein, entlockst ihm neue Einsichten über die Rätsel deiner Welt und deines Lebens und erhältst Ausblicke für dein zukünftiges Leben.

Baum des Novembers:
Schlehe - Hexenstrauch zur Schadensabwehr

Im November, wenn vielerorts Nebel über die Wiesen zieht, erkennst du das schwarze, dornige Holz der Schlehe, ein Symbol der Göttin des Winters. Sie zieht dich magisch an, um dir die köstlichen Früchte des Novembers zu zeigen, aus denen du einen magisch schmeckenden Saft herstellen kannst. Der pelzige Geschmack macht diese wilde Pflaume so besonders und weckt deine Sinne für den Zauber der Natur, die die dich mit der Zauberkraft und Magie heilsamer Pflanzen ein Leben lang und zu jeder Jahreszeit begleitet.

Du erkennst die Schlehe an ihren dunkelblauen, herb-sauren, vitaminreichen Früchten und mit bis zu oft mehr als zu 1 Zentimeter langen Dornen, das deutliche Zeichen für einen Zauberstrauch, der damit übelmeinende und böse Energien einfängt und nicht mehr loslässt. Deshalb wird Schlehe auch gerne, wie alle dornigen Gewächse, über die Eingangstür deiner Wohnstätte gehängt, damit das Üble immer draußen bleiben möge. Ein Wanderstock aus Schlehenholz gilt bis heute als Schutz gegen Gefühle der Furcht und Angst auf einsamen, nächtlichen Wegen. In solchen Momenten wirst du entdecken, dass Schlehensträucher eine Grenze zwischen der Welt der Menschen und der Anderswelt darstellen, und wenn du Kontakt zu ihrer Seele findest, dann gelangst du in ein unsichtbares Reich voller kostbarer Lebensschätze.

Schlehensaft

DU BENÖTIGST:	SO GEHT ES:
1 kg Schlehen, frisch gepflückt *2 l Wasser* *100 g Zucker* *Saft von ½ Bio-Zitrone*	Pflücke die Schlehen möglichst spät im Jahr, idealerweise nach dem ersten Frost, weil dann ihre Bitterstoffe zerfallen. Wenn du sie vor dem Frost sammelst, lege sie vor der Verarbeitung 1–2 Tage in den Gefrierschrank.

Putze und wasche die Schlehen und gebe sie dann in einen großen Topf. Bringe das Wasser in einem weiteren Topf oder Kessel zum Kochen und gieße es über die Schlehen. Verschließe den Topf mit einem Deckel und lasse die Schlehen 24 Stunden ruhen.
Gieße nach dieser Zeit den Topfinhalt durch ein Sieb und fange das Wasser auf. Gib die Schlehen wieder in den Topf, koche das Schlehenwasser in einem weiteren Topf auf und gieße es über die Schlehen. Lasse dies dann wieder 24 Stunden ruhen.

Wiederhole diesen Vorgang noch vier- bis fünfmal. Je häufiger du dies tust, desto intensiver schmeckt der Saft.
Fange den Schlehensaft am letzten Tag in einem Kochtopf auf, füge den Zucker und den Zitronensaft hinzu und lasse ihn einmal sprudelnd aufkochen. Fülle den Saft dann in saubere Glasflaschen, verschließe sie gut und lasse sie auskühlen. Gut gekühlt hält sich der Saft mehrere Monate.
Schon hast du ein Lebenselixier für die frostigen Tage fertig. Ein Stamperl davon hilft nicht nur bei Erkältungen, sondern baut auch ein starkes Immunsystem gegen die gesundheitlichen Herausforderungen der klirrend kalten Jahreszeit auf.

Krafttier des Novembers: Gans – Begleiterin auf deinem Flug in die Anderswelt

Die Gans ist das Symboltier des schamanischen Fluges, mit ihrer Hilfe gelingen dir Astral- und Jenseitsreisen, abenteuerliche Reisen zum Ursprung deines Seins. Es sind Reisen durch die spirituelle und mystische Welt hinter deinen Träumen, dort, wo heilende Wandlung möglich ist, um zu erkennen, wer du wirklich bist. Den Körper zu verlassen und mit dem Bewusstsein auf spannende Reisen zu gehen, weitere Dimensionen kennenzulernen und zu erforschen, das ermöglicht dir der Geist der Gänse.

Beobachte sie auf Jahrmärkten, Wiesen, an Teichen und Seen. Nimm Kontakt mit ihren scharfen Sinnen auf. Bist du fest von der Möglichkeit solcher Reisen überzeugt, werden sie dich in deinen Träumen auf eine atemberaubende Reise mitnehmen. Sammle auf deinen Streifzügen durch Wälder und über Wiesen die Federn von Gänsen. Ihre Gegenwart erleichtert dir den schamanischen Flug in ein Reich, das für dich unglaubliche Erlebnisse bereithält.

Planet des Novembers: Pluto - kosmischer Beistand in Zeiten der Transformation

Das Wesen des geheimnisvollen Planeten Pluto entspricht dem des Gottes der Unterwelt, auch bekannt als Hades in der griechischen Mythologie oder Hel in der germanischen Mythologie. Seine Energie steht für Transformation, Erkennen von Mächten, die dir deine Freiheit nehmen möchten. Unter seinem Einfluss wanderst du zunächst durch die Dunkelheit deines Schicksals, bevor dich das Licht einer geheimnisvollen Morgenröte erfasst und faszinierende Zeiten durch die Strahlen der neuen, aufgehenden Sonne deines Lebens erhellen. Dort geht es um Grenzerfahrungen, um die Grundfragen des Lebens – um Werden, Vergehen und Wiedergeburt. Transformationen, die du durchlebst, schieben dich mächtig an, rütteln und schütteln dich. Veränderungen im Leben nehmen dir zunächst die Geborgenheit, Sicherheiten fallen plötzlich weg und lösen Ängste und andere unangenehme Gefühle in dir aus. Die Veränderungen im Außen drängen dir Fragen nach dem Sinn deines Lebens auf, sie navigieren den Kurs neu. Der Einfluss von Pluto hilft dir dabei, Unbewusstes ans Licht zu bringen, deinen Verstand zu wecken und neue, unausweichliche, bisher verborgene Wege zu erkennen, um dem Geheimnis deines Lebens näherzukommen. Mit Pluto beschreitest du diesen Weg der Erkenntnis, erlangst verloren gegangenes Vertrauen auf deinen neuen Wegen wieder und erwirbst gleichzeitig eine nie gekannte innere Sicherheit.

Begib dich in den frühen Morgenstunden in eine magische Landschaft und du begegnest Pluto, deinem geistigen Planetengott, der dich dabei unterstützt, dein Licht und die Verbindung zur Quelle allen Seins zu finden. Einsame Spaziergänge in der Morgendämmerung, wenn der Tag erst erwacht, verbinden dich mit lichtvollen Energien, ungeahnte Potenziale zu entfalten und dein wahres Selbst zu leben. Siehe die Ehrfurcht gebietenden Fichten, Tannen, Buchen und Erlen am Waldessaum träumen, höre die tiefe Stille der Natur. So kannst du fühlen, dass du in Verbindung mit deinem hohen Selbst ein großes, kraftvolles Lichtwesen bist.

Zauberorte des Novembers: Höhlen – den Kräften der Urzeit auf der Spur

Höhlen hatten für den Menschen schon immer etwas Geheimnisvolles an sich: Märchen und Sagen erzählen von Teufeln, Drachen, Zwergen und anderen Gestalten, die in finsteren Hohlräumen tief im Erdinneren leben. Die meisten der Fels- und Erdlöcher liegen als wilde, urtümliche Höhlen abseits der Wanderwege in wildromantischen Tälern, am Rande atemberaubender Schluchten und inmitten bizarrer Felsenlandschaften. Sie wurden seit Jahrtausenden als Wohn-, Flucht- und Kultstätten genutzt, beherbergen den Geist alter Generationen, die Kräfte der Urzeit und einen Hauch von Ewigkeit. Höhlen gelten als Orte der Kraft und der Weisheit, als Pforten zur Unterwelt und zum Totenreich. Druiden, Priesterinnen, Weise und Heilige zogen sich gerne in Höhlen zurück, um spirituelle Erfahrungen zu machen. Bis heute dienen sie als Eingangsportale zur Unterwelt, zur Anderswelt, zum kosmischen Wissensspeicher, wo alles Geschehen seit dem Anbeginn der Zeit gespeichert ist.

Dort findest du den Zugang zu deiner Seele, deinem wahren Geist. Tief drinnen im Fels gibt es keinen Lärm, keine Ablenkung – nur Stille und Dunkel. Eine tiefe Ruhe in deinem Inneren stellt sich ein. Dein Gefühl für die Zeit schwindet. Du spürst ganz deutlich das Jetzt, eine archaische Urkraft für Schutz, Selbstvertrauen und Selbstbewusstsein in der Geborgenheit der Höhle. Äußere Geschehen, alltägliche Hektik werden bedeutungslos. In dieser Einsamkeit erheben geistige Ströme deine Seele, sie kommunizieren mit deinem Selbst.

Höhlenmeditation

Der richtige Platz in der Höhle ruft dich, schau dich um, wie von einer unsichtbaren Hand gelenkt, wirst du magisch angezogen.

- Wähle eine angenehme Sitzposition oder lege dich mit einer warmen Decke auf den steinigen Boden.
- Schließe die Augen und spüre den leichten Lufthauch, konzentriere dich auf den erdigen Duft.
- Atme langsam und tief ein. Lausche der Bewegung der Luft, wie sie in deinen Körper eindringt.
- Lasse deine Gedanken ziehen.
- Völlige Stille umgibt dich, vielleicht nimmst du ein Geräusch fallender Wassertropfen wahr oder hörst in der Ferne das leise Plätschern eines Unterwasserbaches. Ungeheuerlich, diese Kraft in den Felsen. Das Atmen fällt leicht.
- Fühle die erstaunlich hohe, pulsierende energetische Kraft, welche aus dem Erdinnern kommend seit Jahrmillionen die Felsen durchdringt. Sie wirkt auf deinen Geist und Körper ausgleichend und harmonisierend.

Die magischen Wesen des Novembers: Kobolde – hilfreiche Hausgeister

Fantastische Wesen wie Kobolde bevölkern seit jeher das kollektive Bewusstsein der Menschheit. Sie manifestieren sich in Fabeln, Legenden und Sagen. Aber eben nicht nur dort. Sie existieren wahrhaftig in deinem Alltag, so passieren in deiner Stube oftmals magische Dinge. Zumindest hausen dort nach vielen Überlieferungen liebenswerte Kobolde, die zu jedem Schabernack bereit sind. Wenn du ein volles Wasserglas umstößt, dir ein Teller aus der Hand fällt, du Gegenstände nicht mehr findest oder dir sonstige Ungeschicklichkeiten passieren, dann kannst du darauf wetten, dass die Kobolde im Spiel sind. Damit wollen sie dich aus deinen Gedanken aufwecken, dich ins Hier und Jetzt zurückholen. Darin liegt ihre Kraft. Denn das Jetzt ist der Eingang zu deiner tiefsten inneren Glückseligkeit, zu ewigem Sein, zu dem Frieden, den du ein Leben lang ersehnst, doch häufig verpasst. Häufig hetzt du im Alltag von einer Sache zur nächsten, bist geistesabwesend und nicht konzentriert. Deine Gedanken kreisen um unerledigte Dinge im Haushalt und bei der Arbeit. Gefühle von Stress und Überforderung nagen an dir und lassen dich unzufrieden werden.

Wenn der unsichtbare Kobold in dein Leben tritt, solltest du innehalten und zur inneren Ruhe und Gelassenheit zurückfinden. Decke diesem kleinen Freund einen Platz am Tisch. Lege ihm Kuchen auf einen Teller und gieße Tee in seine Tasse. Setze dich dazu und stelle ihm Fragen: Was mache ich gerade? Wie mache ich es? Wie fühle ich mich dabei? Er wird dir antworten und empfehlen, die Gegenwart zu spüren, jeden Moment bewusst wahrzunehmen, alles in Ruhe zu erledigen und der Entschleunigung die Türen zu öffnen.

Begib dich bei Sonnenschein in die Natur, lege dich auf eine Wiese und höre das Gras wachsen. Fühle mit deinen Händen jeden Halm, der sich dir entgegenstreckt. Rieche seinen Duft, schaue ihn an und lasse deine Gedanken schweifen. Der Kobold wird dich begleiten und dich mit deinen fünf Sinnen für das Wunder des gefühlten Augenblicks begeistern.

Räucherstoff für den November: Palo Santo – Duft geheimnisvoller Mysterien

Palo Santo ist ein mystischer Baum, der an der Küste Südamerikas wächst und genauso kostbar wie Gold angesehen wird. Wie der Name bereits sagt, ist es ein heiliges Holz. Nicht nur deshalb ist es so kostbar, sondern sein Wert ergibt sich auch daraus, dass der Baum unter Naturschutz steht und ausschließlich von abgefallenen Ästen oder umgefallenen Bäumen geerntet werden darf. Früher war der berauschende Duft des Palo-Santo-Holzes nur den Göttern vorbehalten. Ausgewählte Priester huldigten ihnen mit rituellen Räucherzeremonien, um den Göttern nahezukommen und ihre geheimen Botschaften zu empfangen. Heute können wir alle in den Genuss der Räucherstäbchen kommen, obschon sie selten und daher kostspielig sind.

Palo-Santo-Holz verströmt beim Räuchern einen intensiv aromatischen, balsamisch holzigen und leicht süßlichen Duft. Dieses beste aller Räucherhölzer besitzt eine starke energetische Reinigungskraft, welche die Schamanen alter Völker bis heute für rituelle Zwecke einsetzen. In Südamerika wird der Rauch dieses heiligen Holzes zur Unterstützung der Heilung von Krankheiten und zur Reinigung der Luft verwendet. Hierzu werden circa 1 Zentimeter breite Holzstücke zum Glimmen gebracht und durch das konstante Wedeln in der Luft wird der stetig aufsteigende Qualm zum Ausräuchern der Stube verwendet.

Palo Santo intensiviert Yogaübungen, erleichtert Meditationen und steigert die Abwehrkräfte während eines Saunaganges. Das Holz soll negative Energien in positive verwandeln und so für eine beruhigende Atmosphäre und mehr Gelassenheit sorgen. Außerdem wird ihm nachgesagt, dass es sich positiv auf die Lösung von Stresssituationen und die Entspannung der Muskeln auswirke und so das Auflösen von angesammelten Spannungen im ganzen Körper fördere.

Zauberinstrument im November: Das magische Feuer der Weisheit

Ein Feuer draußen in der freien Natur übt eine ganz eigene Faszination und Sinnlichkeit aus, es ist verbunden mit Abenteuer und dem Erlebnis von Ursprünglichkeit. In den lodernden Flammen brennen die Leidenschaft und die Emotion, es ist das Element des Wandels und der Transformation, einer Umwandlung von Problemen in Glück und gute Beziehungen, zur Erfüllung des eigenen Lebenszwecks, der Verwirklichung von Geborgenheit, Harmonie und Fülle. Der Blick in die Flammen reinigt deinen Geist und stärkt dein Einfühlungsvermögen für die wirklich wichtigen Dinge in deinem Dasein. Feuer verbreitet Wärme und Licht, nährt so deine Seele und erwärmt deinen Körper. Es durchzieht die ganzen Ebenen des Seins. Dabei ruft es dir zu: »Lasse das Negative hinter dir, tanze eine Romanze mit dem Leben und lasse dir von den Flammen Flügel schenken.«

Besorge dir eine Feuerschale, Holzscheite und Reisig. Entzünde im Garten, auf dem Balkon oder an zugelassenen Feuerstellen in der Natur dein magisches Feuer. Schaue eine Weile in die Flammen und lasse dich von ihnen in eine Zauberwelt der Träume verführen. Frage dich, wofür du eigentlich noch brennst und was aus all deinen Träumen geworden ist. Erinnere dich an die Momente, in denen du lebendig und voller Freude und Tatendrang warst. Mit dem Knistern des Feuers verspürst du den starken Impuls, selbst etwas in deinem Leben zu verändern. Begib dich auf eine neue inspirierende Reise.

Brauchtum im Monat der Orientierung und der Zeit der erwachenden Toten

Wer im November noch draußen ist, kann staunen über die Schattierungen des Novembergraus zwischen Gelb, Silber, Schwarz und Blau. Graue, kaltnasse Tage, an denen sogar die schwarzen Raben missmutig auf den Dächern sitzen. Gleichzeitig öffnen wir uns für das Zauberhafte, das Mystische, das unsere Fantasie beflügelt. An märchenhaften Nebeltagen streifst du durch Landschaften, in denen Faune, Trolle und Feen wohnen. Wie Rauch hängt der Nebel ums Haus, drängt deine Welt nach innen zu deinen wahren Empfindungen, Instinkten und Wurzeln.

Samhain – Blick in die Anderswelt

Samhain ist ein Fest keltisch-heidnischen Ursprungs zum Ende der Erntezeit und zu Beginn des Winters. Es wird jedes Jahr im gesamten elften Monat des Jahres gefeiert und startet in der Nacht zum 1. November. Einerseits wurde früher zu dieser Zeit die Ernte beendet, andererseits wurde das Vieh von den Weiden zurückgebracht und für den Winter geschlachtet. Alte Quellen besagen, dass an Samhain die sogenannte andere Welt weit offen steht, dass somit die Grenze zwischen den Lebenden und den Toten durchlässig ist und die Seelen der Verstorbenen ihre Häuser wieder aufsuchen können. In der Stube unserer Vorfahren wurde daher ein Platz für die Ahnen frei gehalten. Es wurde für sie eingedeckt, Speisen wie Getränke bereitgestellt, während die Lebenden sich zurückzogen und sich schlafen legten.

Errichte einen Samhain-Altar mit Symbolen der Ernte und des Herbstes, wie Kürbissen, Wurzelgemüse, Kartoffeln, Äpfeln, Nüssen, Beeren, Blättern, Eicheln, Räucherwerk, Steinen, Wein und so weiter sowie mit Sinnbildern der Vergänglichkeit wie Federn, Schädeln, Tierzähnen und -krallen. All diese magischen Werkzeuge verbinden dich mit dem mystischen Geist des kosmischen Wissensspeichers, aus dem du alle Botschaften erhältst, wenn du es nur wirklich willst.

Diese Opferstätte kann auch als Ahnenaltar dienen. Dazu werden Fotos, Erb- und Erinnerungsstücke, wie Schmuck, Kleidung, Bücher, Knöpfe et cetera, von Verstorbenen darauf platziert. An den Tagen um Samhain kannst du dir bewusst Zeit nehmen, deinen Vorfahren zu gedenken, mit ihnen zu sprechen, gute Wünsche auszusenden und auch Sehnsüchte zu äußern. Sie werden dich erhören und sie mit deiner Hilfe verwirklichen. Einzige Bedingung: Du darfst nicht untätig sein und tatenlos auf Erfüllung hoffen und warten. Unternimm einfach alles, was dich deinen Zielen näher bringt, und sie werden dich dabei tatkräftig unterstützen. Suche den Friedhof auf, nimm dir Zeit zum Gedenken und Trauern, schmücke das Grab mit Kerzen, Blumensträußen, Räucherwerk wie Weihrauch, Beifuß, Rainfarn, um es zu verschönern. Bringe deinen Ahnen etwas Gebäck, Kuchen und Wasser mit. Damit verknüpfst du ihren zaubervollen Schutzgeist mit deinem Leben. Laut einer alten Legende werden sie dich dafür segnen und dir mit hilfreichen Impulsen aus ihrer Welt danken. Sprich laut, leise oder nur in Gedanken mit ihnen. So verbindest du dich mit deinen Wurzeln und erfährst wichtige Nachrichten, Informationen und Lösungen für deine irdischen Herausforderungen.

DAS JAHR ENDET, WIE ES BEGONNEN HAT – MIT DEM WINTER

Mit dem Dezember schließt sich der Jahreskreis, denn er ist der erste Wintermonat, der das Jahresende einläutet, bevor das neue Jahr ebenfalls im Winter beginnt. Dieser Monat ist seit Urzeiten eine Zeit der Stille, in der sich eine magische Schwellenzeit über das Land legt, in der gefeiert, Rückschau gehalten und orakelt wird. Der Winter legt sich über das Land, der erste Schnee fällt, alles wird ruhiger und besinnlicher. Mit der Wintersonnenwende am 21. Dezember beginnt die mystische Zeit der Raunächte, in der die Menschen seit alters her in ihren Häusern zusammenkommen, sich Geschichten erzählen und feiern. Geschützt vor Kälte und Sturm, ist es eine ruhige Zeit, um sich mit alten Mythen und Märchen zu beschäftigen, Einkehr zu halten und Momente der Rückbesinnung ganz bewusst zu erleben.

Dezember – MONAT DER STILLE

„Es folgt allzeit und immerdar auf kalten Dezember ein fruchtbar Jahr.“

Das Geheimnis des Monatsnamens und der Zahlenmystik im Dezember

Im römischen Kalender war der Dezember der zehnte Monat (lateinisch *decem* = zehn), da das Jahr damals mit dem März anfing. Nach dem heutigen gregorianischen Kalender ist er der zwölfte Monat, hat aber dennoch seinen ursprünglichen Namen behalten. Der alte deutsche Name des Dezembers lautet Julmond. Dieser Name deutet auf das Julfest hin, die heidnische Feier der Wintersonnenwende. Der Dezember ist zudem als Christmonat oder auch Heilmond bekannt, weil in diesen Monat das Weihnachts-, also das Christfest, fällt und weil Jesus, der Heiland, im christlichen Glauben das Heil bringt.

Die Zahl Zwölf, ein Symbol der göttlichen Mysterien, trägt in vielen Kulturen eine herausragende Bedeutung: Ein Sonnenjahr beinhaltet zwölf Mondzyklen und teilt das Jahr in zwölf Monate ein. Der Tag besteht aus zweimal zwölf Stunden, das Volk Gottes besteht im Alten Testament insgesamt aus zwölf Stämmen. Jesus wählt zwölf Jünger als Repräsentanten des neuen Gottesvolkes aus. Dazu passend ziehen die endzeitlich Geretteten durch die zwölf Tore ins himmlische Jerusalem ein.

Sammle zwölf Pflanzenteile (Bucheckern, Hagebutten, Tannenzweige, Blätter et cetera) und zwölf Steine aus Bächen, mystischen Flüssen, sanft daliegenden Seen, von geheimnisvollen Bergen und Hügeln oder in dunklen Wäldern, lege sie in eine flache Schale und lasse dich von dieser kosmischen Zahl in die geheimen Botschaften des Universums entführen.

Gottheit des Dezembers: Wotan – Göttervater der schaurigen Zeit

In den Stürmen der Winternächte taucht Wotan auf, der höchstverehrteste Gott unter den germanischen Göttern, begleitet von einem wilden Totenheer, mit grausamem Geschrei, Pferdewiehern, Hundegebell, Peitschenknallen und Hörnerblasen. Er jagt über die Erde durch den dichten, gespenstigen Nebel, um die Menschen zu prüfen. Der oberste Gott der Götter braust auf seinem schnaubenden, achtbeinigen Schimmel Sleipnir, umgeben von seinen beiden Raben Hugin, der Gedanke, und Munin, die Erinnerung, und den Wölfen Geri, der Gierige, sowie Freki, der Heißhungrige, über weglose Wälder, zerrt an den Dachfirsten der Häuser und bläst das klein lodernde Herdfeuer zu einer gefährlichen Feuersbrunst auf. Im Angesicht dieser grauenvollen Bedrohung erwachen die inneren Stimmen der Menschen, die ihnen den Weg durch ihr Leben zeigen.

Wotan nutzt die Zeit der toten Natur für die innere Einkehr eines jeden Einzelnen, besucht die irdische Welt und aktiviert damit bei den Menschen den Vorgang der Selbsterkenntnis, Visionen, Einsichten und Ekstase. Er unterstützt dich bei deiner Suche nach Wahrheit und Weisheit. Du spürst ihn am besten in einem geschützten Winkel draußen vor deinem Haus, wenn die Winterstürme toben und du seine Allmacht und Stärke leibhaftig fühlst und erlebst. Beobachte sein Jagen am göttlichen Firmament, das Aufblitzen seines Schwertes durch bedrohlich auflodernde Blitze und seinen Zorn über die Menschen, die den wahren Sinn ihres Daseins, nämlich die Läuterung und Erkenntnis, verweigern. Als Zeichen und Beweis seines Wirkens hinterlässt Wotan die Fliegenpilze, denn überall, wo Blut und Geifer aus Sleipnirs Maul tropfen, sprießen diese magischen Zauberwesen mit ihren weiß betupften, roten Hüten aus der Erde. Nimm diese mit nach Hause, entzünde eine Räucherglut und atme mit den weißen Rauchschwaden Wotans stetigen Ruf ein, den Brunnen der Erinnerung zu finden, in dem Wissen, dass Weisheit und Erkenntnis aus Gedanken und Gedächtnis sprudeln.

Zaubermetall für den Dezember: Zinn – Lebenselixier und alchemistisches Zaubermittel

Dem Blitzgott Wotan, höchster Regent der nordischen Völker, ist das silberweiße, glänzende, weiche, formbare Zinn geweiht. Dies zeigt den hohen Stellenwert dieses Metalls in alter Zeit. Es steht für Weltoffenheit, Forscherdrang, Erfolg, Glück, Harmonie, Würde, Gerechtigkeit, Sanftmut, Großzügigkeit, Glanz und Weisheit. Besorge dir Geschirr aus reinem Zinn, wie Essbesteck, Becher, Teller, Schüsseln, Schatullen und vieles mehr. All diese Dinge aus dem königlichen Metall wirken im täglichen Gebrauch auf deinen Geist, deine Souveränität, dein Selbstbewusstsein und dein Charisma. Sie sind wahre Zauberartefakte mit atemberaubenden Kräften der Urenergie der Schöpfung. Nach alten Zauberbüchern wird das Zinn den Menschen ätherisch verfeinern, seine Achtsamkeit, Wahrnehmung wie Feinfühligkeit steigern und für ätherische Schwingungen öffnen. Da es häufig zusammen mit anderen Stoffen zu edelsten Produkten verarbeitet wird, symbolisiert sein Wesen, im Verbund mit anderen, etwas Neues zu schaffen, und lehrt uns: Gemeinsam sind wir stärker.

Das silberweiße Metall kann schon unterhalb von 13,2 Grad Celsius zu Staub zerfallen. In der Heilkunst geht es um genau diese Qualität, nämlich Festgewordenes wieder flüssig werden zu lassen. Im menschlichen Körper neigen etwa Gelenkknorpel dazu, im Laufe des Lebens fest und spröde zu werden. In der anthroposophischen Medizin soll Zinn bei Gelenkschmerzen helfen und die Gelenke wieder geschmeidig machen. Auf der Seelenebene fördert Zinn Offenheit, Toleranz und Selbstverwirklichung. Der silberglänzende Stoff gilt auch als Mittel bei Erschöpfung und Antriebslosigkeit. Zudem wirkt Zinnsalbe bei Arthrose und zinnhaltige Globuli oder Tropfen wirken bei Leberprobleme oder Trübungen im Auge oft wahre Wunder.

Pflanzenmagie des Dezembers: Mistel – Glücksbringer aus kosmischen Sphären

Die keltischen Druiden – große Magier, Gelehrte, Heilkundige und Priester – hielten Misteln für heilig, weil sie glaubten, diese seien direkt vom Himmel auf die Bäume gefallen. Um diesen göttlichen Gewächsen mit höchster Demut und Ehrfurcht zu begegnen, schnitten sie die Mistelzweige während der dunklen Nächte der Wintersonnenwende ausschließlich mit goldenen Sicheln. Zur Bewahrung ihrer magischen Wirkung durften sie nicht auf den Boden fallen und wurden deshalb mit weißen Tüchern aufgefangen. Als Glücksbringer hingen die Druiden die grünen Zweige mit ihren weißen Beeren an ihre Hütten – zum Schutz vor Unglück wie Feuer, Hunger und Tod. Misteln erkannten sie als Schlüssel zu anderen Dimensionen, mit deren Hilfe sie Kontakt mit unsichtbaren Mächten aufnehmen und deren Rat sie für ein erfülltes Leben im Diesseits erfahren konnten.

Lege grüne Mistelzweige unter dein Kopfkissen, denn Überlieferungen nach sollen sie prophetische Träume ermöglichen und übertriebene Angst vor dem Leben nehmen. Auch helfen Räucherungen mit Mistelzweigen gegen Dämonen sowie gegen negative Gedanken und ausgesprochene Flüche. In der Stube sorgen immergrüne Mistelzweige für Kraft, Mut und starkes Selbstbewusstsein. Plagen dich Ruhelosigkeit und Stress, dann hilft ein lauwarmes Fußbad mit den heiligen Zweigen und einigen Tropfen ätherischem Rosmarinöl. Die Zauberkraft der Mistel wird dich durchfluten und die fast vergessenen Tore zu unsichtbaren Dimensionen öffnen.

Baum des Dezembers:
Tanne – Geist des neugeborenen Lichts

Die Tanne ist der magische Baum der Wintersonnenwende, der mystische Baum des neugeborenen Lichts nach den dunkelsten Tagen des Jahres, unter dem wir bis heute das neugeborene Kind der Sonne in eine Krippe legen.

Wer einmal ganz allein am frühen Morgen oder bei Nebel zwischen den Jahren durch einen Tannenwald wandert, der kann sie wahrnehmen, die »andere Seite des Waldes«, wo Baumwesen und Pflanzengeister, Feen und Kobolde wohnen. Vertraue deinem Gefühl und lasse dich während der heiligen Tage im Julmond von der Zauberwelt der unsichtbaren Waldbewohner betören. Nimm die Faszination mit nach Hause und bereite dir aus den Zweigen der Tanne einen mystischen Tee mit einer harzigen Note und dem Duft von Tannennadeln zu. So werden vor deinem geistigen Auge die Rituale der Germanen und Kelten aus dem kosmischen Wissensspeicher auftauchen. Dieser verbindet dich mit der Kultbedeutung der immergrünen Tanne als Mittwinterbaum und Symbol ewiger Lebenskraft, fortwährendem Wachstum und unerschöpflicher Fruchtbarkeit. Um den Gott des neuen Lichts zu ehren, ihn gütig zu stimmen für eine reiche Ernte im neuen Jahr, wurde der Mittwinterbaum mit roten Winteräpfeln, Gebildbroten, Nüssen und Himmelszeichen aus Stroh (Monden, Sonnen und Sternen) geschmückt. Tue es ihnen gleich, schmücke den Baum in deiner Stube wieder mit den gleichen Symbolen, so tauchst du ein in die zauberhaften Dimensionen deines Lebenssinns, entdeckst einen Reichtum an Wegen und lernst, diesen nach deinen Talenten und Begabungen fruchtbar zu gestalten und das Licht deines Lebens – deine Aufgaben, für die du geboren wurdest – zu erkennen.

Krafttier des Dezembers: Katze – geheimnisvolle Beschützerin und Heilerin

Katzen sind weise Lebensberater in allen Situationen, sie unterstützen, helfen und beschützen. Sie gelten als Quelle von Kraft, Zuversicht und Schutz. In den rauen Nächten der klirrend kalten Wintertage reitet die große Göttin Holle, Beschützerin aller Kinderseelen, mit einem Gespann aus Katzen durch die Lüfte. Diese magischen Tiere sollen nach altem Volksglauben die geheimen Mächte der Finsternis deines Lebens kennen. Sie helfen dir bei der Bewältigung deiner oftmals kaum überwindbar scheinenden Herausforderungen, zeigen dir unendlich viele Pfade aus deinen Schwierigkeiten heraus und schenken dir Lebenswärme.

Hast du keine Hauskatze, dann besorge dir Katzenfiguren aus Naturstoffen wie zum Beispiel Stein und Holz oder beschaffe Essgeschirr, Becher, Gläser und vieles mehr mit Katzenbildern. Sie erinnern dich täglich an den zaubervollen Schutz des Geistes dieser magischen Vierbeiner mit ihren samtweichen Pfoten.

Planet des Dezembers: Jupiter – Planet der gewaltigen Lebenskraft

Planetengeister inspirieren dich bei deinen mystischen Wanderungen und Wandlungen, aktivieren deine Suche nach Erkenntnis und ermöglichen dir, die Vielfalt deiner Möglichkeiten zu erfahren. Der faszinierende Planetengigant Jupiter überstrahlt mit seinen magischen Kräften das Geschehen auf der Erde in den mystischen Tagen des zwölften Monats. Er symbolisiert das Lebensglück, schafft Freude sowie Vertrauen unter den Menschen und verbreitet Attribute wie Optimismus, Gerechtigkeit und Großzügigkeit. Als Quell allen Wissens öffnet die Aura des Königsplaneten die Pforten zu den Geheimnissen deiner Seele und deines Geistes. Jupiter ist der Vater aller Götter und gleichzusetzen mit Wotan, dem germanischen Gott und Herrscher über alle Naturgewalten. In den Raunächten stärkt Jupiter die Hellsichtigkeit der Menschen, damit sie einen Blick durch sein rotes Auge in ihre paradiesische Zukunft werfen können, wenn sie ihrer inneren Stimme treu bleiben.

Dieser größte Planet unseres Sonnensystems unterstützt deine starken Fähigkeiten und verwandelt deine Schwächen ebenso in Stärken.

Außerdem weckt er deine spirituelle Begabung, die vom Anbeginn deines Lebens in dir schlummert, aber durch den gegenwärtigen Geist deines Umfeldes noch nicht entfacht wurde. Mit einer Räuchermischung aus Kopal, Ysop, Lindenblüten und Salbei zu gleichen Teilen entwickelt sich eine warme, lebensbejahende Atmosphäre, die Erfolg, Lebensglück, Wohlstand, Fülle, Liebe und eine optimistische Lebenseinstellung in dein Leben zieht. Unterstützung durch Jupiter erfährst du durch Räucherungen mit dieser Mischung, Tees oder den Genuss folgender Pflanzen: Borretsch, Edelkastanie, Wegwarte, Fenchel, Ysop, Alant, Melisse, Anis, Rose, Himbeere, Sauerampfer, Zuckerrohr, Salbei, Sandelholz, Löwenzahn, Beinwell, Linde, Heidelbeere, Königskerze und Mistelbeeren.

Zauberorte des Dezembers: Wälder - Wohnstätten der Götter

Wälder, diese sagenhaften Orte der Kraft, prägen dein Wesen und bestimmen deine Gefühlswelt. Undurchdringlicher Urwald, märchenhafte Buchen- und Eichenwälder, dunkle Eiben- und Tannenwälder oder lichte Birkenhaine – wenn du mit offenen Sinnen durch diese Tempel der Natur streifst, spürst du ihren Geist, ihre Seele und verstehst ihre Sprache. Konzentriere dich mit all deinen Sinnen auf ihr Flüstern, und du erfährst ihre geheimen Botschaften, ihre Antworten auf deine Lebensfragen und ihre Nachrichten von deinen Ahnen. Sie bereichern dich mit ihrer kostbaren Lebenserfahrung, gesammelt in all den Jahrhunderten ihres Lebens.

Lese ihre heruntergefallenen Zweige und Blätter vom Boden auf, bereite zu Hause einen Tee daraus zu und/oder lege sie auf Kommoden, Tische und Schränke. Ihre vitale Lebensenergie durchströmt dein Zuhause, weckt in dir die Lebensgeister, schützt dich vor übelmeinenden Gedanken und Worten. Das Wesen der Bäume und ihrer

Bestandteile verbindet dich mit dem Heilwissen der Jäger und Sammler der Steinzeit, ihrem wertvollen Wissen zum Aufbau eines starken Charakters und einer unverwüstlichen Urkraft deines inneren Kerns. Sammle bei all deinen Naturgängen Pflanzenteile des Waldes, die dir wie von Geisterhand bewegt vor die Füße fallen, dich magisch anziehen oder ein Eichhörnchen dir neckisch zuwirft. So entwickelt sich langsam eine Verbindung zum Wesen der Bäume, die dich ein Leben lang begleiten und schützen werden. Suchst du Ruhe und Stabilität, dann setze dich in die Wurzeln der großen Tannen und Fichten. Lehne dich an ihre starken Stämme, fühle dich geborgen und lasse dich von den Wurzeln erden.

Die magischen Wesen des Dezembers: Engel – magische Lebensbegleiter

Engel sind Boten aus einer anderen Welt, federleicht schwebend und von magischer Kraft. Sie schützen und trösten, verkörpern verborgene Sehnsüchte und bleiben dabei doch ewig unfasslich und geheimnisvoll. Diese lichten Wesen sind stets an deiner Seite – ihre Energie unterstützt dich, zeigt dir den Weg und lässt dich wachsen. In der Rolle eines Mentors, Lehrers oder besten Freundes begleiteten dich diese Geistführer mit Weisheit und Liebe. Nimm mit deinen unsichtbaren Weggefährten aus der geistigen Welt Kontakt auf. So erfährst du wertvolle Botschaften zu alten Werten wie Liebe, Vertrauen, Respekt, Verantwortungsgefühl und Hilfsbereitschaft.

Besorge dir kostbare Engelfiguren aus wertvollen Materialen wie kostbaren Metallen, Steinen oder Porzellan. Stelle sie für dich jederzeit sichtbar auf Schränke, Kommoden oder den Esstisch in deiner Stube. So spürst du jederzeit ihre schützende Energie, die dir dabei hilft, deine Wünsche klar zu erkennen, inneren Schmerz zu lindern und zu dir selbst zu finden. Mit der Urkraft der Engel kannst du dich in jedem Moment vor negativen Einflüssen schützen und neue Wege der Heilung finden.

Engelmeditation

- Suche dir einen ruhigen Ort in der Natur, an dem du ungestört bist, lege oder setze dich entspannt auf ein Schaffell und schließe deine Augen.
- Atme einige Male tief durch und gib dir die Möglichkeit, zur Ruhe zu kommen.
- Bitte die Engel aktiv, sich dir zu zeigen – du kannst diese Bitte laut oder in Gedanken äußern.

Schon nach wenigen Momenten spürst du einen zarten Windhauch auf deiner Haut, ein zaubervoller Duft steigt in deine Nase und Gedanken unendlichen Glücks entfalten sich. Das sind sie. Genieße den Moment und lasse dich von ihren magischen Botschaften inspirieren.

Räucherstoff für den Dezember: Weihrauch – der Duft der Götter

Bereits vor Tausenden von Jahren benutzten unsere Vorfahren das duftende Harz des Weihrauchbaumes aus dem fernen Orient, um magische Zeremonien zu gestalten. Atme den Duft des heiligen Baumsaftes bis in jede Zelle deines Körpers ein, räuchere an Quellen, Wasserfällen, am Meeresufer, an Seen und Flüssen, an heiligen Orten, an Kraftplätzen, in

Schwitzhütten und Bädern, in Tempeln und in Klöstern. Mithilfe der magischen Kräfte an diesen Orten vereinst du dich mit dem Geist dieses zauberkräftigen Baumgoldes und öffnest die Pforten zu einem erfüllten Leben voller Harmonie, Glück und Geborgenheit.

Nimm dazu ein paar kleine Stücke dieses majestätischen Baumsaftes, lege es auf Räucherkohle, sehe dem mystischen Nebelschleier des Rauches nach, atme tief ein und höre das Flüstern deiner Seele. So gewinnst du in deinem innersten Kern Erkenntnis über dich und dein vorherbestimmtes Leben. Verschmilz so mit den kosmischen Geheimnissen der Gesetze der Schöpfung.

Zauberinstrument im Dezember: Glocke

Glocken sind magische Instrumente mit uralten heiligen Klängen, die geheimnisvolle Schwingungen im unsichtbaren Raum erzeugen, die dein Leben verzaubern, dich seine Tiefe spüren lassen und heilend wie harmonisch in deine Wirklichkeit eingreifen. Der Hall einer Glocke ist mystisch, er verbindet dich mit Himmel und Erde, versetzt dich in angenehme Gemütszustände und ruft Erinnerungen hervor. Er berührt dein Innerstes, er bringt deine Seele zum Schwingen. Ihr mystischer Schall kann sogar Spannungen lösen, die Selbstheilungskräfte deines Körpers aktivieren und schöpferische Energien in deinem Geist freisetzen. Ihr Klang begleitet das Leben in all seinen Höhen und Tiefen. Er bringt dein Wesen, deine Gefühle und Gedanken mit dem Kosmos in Einklang. Der Zauber der Glocken ist eine Möglichkeit, den vollen Zugang zu deinen Fähigkeiten zu bekommen, in deine ureigene Kraft zu kommen und deinen eigenen Weg sicher zu gehen. Der Geist der Unabhängigkeit wandert mithilfe ihrer geheimnisvollen Töne durch jede Zelle deines Körpers und du schlägst unter ihrem Schutz ein selbstbestimmtes Leben ein, das dich von der Kontrolle übelmeinender Kräfte befreit.

Finde deine ganz persönliche Glocke und stöbere auf mittelalterlichen Märkten, in verwunschenen Trödelläden oder auf mystischen Flohmärkten nach der Glocke, die mit ihren magischen Tönen deinen Geist jenseits von Raum und Zeit wandeln lässt.

Brauchtum im Monat der Schwellenzeit

In den Winternächten rund um die Jahreswende stehen die Pforten in die geistige Welt weit offen. Sie laden dich ein, in die Zukunft zu blicken und mit dem unsichtbaren Reich in Kontakt zu treten. In dieser längsten Dunkelheit des Jahres versinkt die Natur in ihren innersten Kern und sammelt Kräfte für ihre Wiedergeburt.

4. Dezember: Barbaratag

Am Barbaratag gehen wir einem alten Orakelbrauch nach: Vor Sonnenaufgang schneidet man Zweige von Obstbäumen – oftmals Kirschbaumzweige – und stellt sie ins Wasser, in die Nähe des Ofens. Wenn diese Barbarazweige zu Weihnachten blühen, bringen sie Glück, wecken Zuversicht und stärken vor allem das Selbstbewusstsein. Dieser Brauch wird auf die heilige Barbara von Nikomedien zurückgeführt, die wegen ihres christlichen Glaubens gefangen genommen wurde. Auf dem Weg ins Gefängnis blieb sie mit ihrem Kleid an einem Zweig hängen und stellte diesen in ein Gefäß mit Wasser. Barbara wurde zum Tode verurteilt und am Tag ihrer Hinrichtung blühte der Zweig schließlich auf.

Ernte vor ihrem Verwelken jeden Tag eine Blüte, verspeise sie auf deinem Frühstücksbrot, dem Mittagssalat oder auf der abendlichen Suppe. So erfüllst du deinen Geist und deinen Körper mit purer Lebenskraft.

6. Dezember: Nikolaustag

Während der dunklen Zeit des Winters traten nach alter Tradition maskierte Hirschtänzer auf und führten am 6. Dezember ein sogenanntes Hirschenlaufen auf. Mit ihren Tanzschritten trommelten und stampften sie Botschaften an die Erdgöttin und den Hirschgott Cernunnos, den mächtigen Gott der Kelten, der ein Hirschgeweih trug und der das Leben in der Tiefe neu erweckte. Dieser heidnische Brauch war im Mittelalter noch sehr lebendig, wurde aber von der Kirche missbilligt. Daher wurde das Fest durch den Nikolaustag abgelöst, bei dem Cernunnos heute als Nikolaus mit einem von Rentieren gezogenen Schlitten erscheint, an die Türen der Kinder klopft und sie mit leckeren Gaben beschenkt. So weckt er in ihnen die Sinne für die unsichtbare Welt, die sie während ihres irdischen Lebens reichlich beschenken wird, wenn sie ihrer inneren Stimme folgen.

21. Dezember: Wintersonnenwende

Die tiefste Nacht des Jahres, die Nacht der Wintersonnenwende, stellt den Zenit der Herrschaft Samhains dar. Die heidnische Feier der Wintersonnenwende ist auch als Julfest bekannt. Es ist eine Jahresphase, in der die Tore zur Anderswelt weit offen stehen und uns einladen, mit dem unsichtbaren Reich der Ahnen und den geistigen Energien in Kontakt zu treten, um die Vergangenheit zu verstehen und die Zukunft zu deuten. In der Nacht der Wintersonnenwende gebiert die Erdgöttin tief in der finsteren Erde in der stillsten aller Stunden die wiedergeborene Sonne. Die Menschen nehmen das Wunder dieser geweihten Nächte in ihrer Meditation wahr, zünden Lichter an, lassen einen Eichen- oder Birkenklotz, den Julblock, schwelen und hängen den Wintermain – den ursprünglichen Weihnachtsbaum – auf. In dieser Nacht sind Orakel und Losbräuche besonders beliebt und auf dem Land wird das Vieh mit geweihtem Brot und Salz gefüttert. Zudem wird zum Julfest traditionell ein Julbock gebunden, eine Ziegenbockfigur aus Stroh. In nördlichen Ländern brachte ein als Julbock verkleideter Mann früher die Geschenke, bevor er vom Weihnachtsmann ersetzt wurde. Der Ziegenbock als weihnachtliches Symbol hat zudem seine Wurzeln in der germanischen Religion. Er versinnbildlicht die jährlich wiederkehrende Fruchtbarkeit der Erde und war ursprünglich eine Verkörperung des schützenden Donnergottes Thor. Heute gehört das Basteln eines Julbocks aus Stroh in Skandinavien immer noch zum Brauchtum der Wintersonnenwende. Der Julbock ist ein mächtiges Heil- und Schutzsymbol, das auch dich mit göttlicher Energie durchwehen und negative Kräfte von dir fernhalten soll.

Um dir den Zauber der Wintersonnenwende zunutze zu machen, besuche in dieser Zeit die großen Sonnenwendfeuer und lasse dich von dem Zauber der Flammen durch die Pforten der geistigen Welt führen.

24. Dezember – 6. Januar: Die zwölf magischen Raunächte

Zwölf Nächte dauerte das Wintersonnenwendfest bei unseren Ahnen. Diese Nächte zwischen der Wintersonnenwende und dem heutigen Dreikönigstag gelten seit jeher als heilige Zeit. Ihr Ursprung geht auf den germanischen Mondkalender zurück, der nur 354 Tage hatte. Die zwölf fehlenden Tage zum Sonnenjahr, das 365 Tage hat, wurden als Tage außerhalb der Zeit angesehen – heute spricht man manchmal auch noch von den Tagen zwischen den Jahren. In diesen Tagen außerhalb der Zeit trieben die Dämonen ihr Unwesen und streiften um die Häuser. Da diese ein »raues«, wildes Aussehen hatten, setzte sich der Begriff der Raunächte durch.

In dieser magischen Zeit der Raunächte wurden Haus und Stall zum Schutz vor den Dämonen mit duftenden, heilbringenden Kräutern – Beifuß, Rainfarn, Wacholder, Mariengras, Tannenharz – geräuchert.

Diese sollten sowohl die umherstreifenden Dämonen als auch andere böse Geister und Unheil sowie negative Gedanken und Gefühle vertreiben. Im aufsteigenden Rauch der verräucherten Pflanzen wurden die Götter nach Lösungen zu nicht bewältigenden Lebensaufgaben befragt. Der Rauch versetzte die Menschen in eine Trance, wo sie die göttlichen Ratschläge erfahren konnten und zuversichtliche, positive Gedanken in Empfang nehmen konnten.

Seit Jahrtausenden wird in diesen zwölf Rauhnächten das Haus außerdem mit Stechpalme, Mistel und Efeu geschmückt, ebenso kommt Tannen- und Fichtengrün zum Einsatz. Traditionell wurden große Julfeuer auf den Feldern entzündet, deren Asche als heilkräftig galt und auf die Felder gestreut wurde, um diesen Fruchtbarkeit zu verleihen.

Du kannst nach einem kleinen Feuer mit selbst gesammeltem Reisig in einer Feuerschale im Garten oder auf dem Balkon die Asche als mentale Kraftquelle in einem Schmuckglas mit Schraubverschluss auf deinem Tisch in deiner Stube aufbewahren. Sie erinnert dich immer an die wunderbare Stimmung bei ihrer Entstehung und erfüllt dich in jedem Moment mit atemberaubenden Glücksgefühlen und einem magischen Zauber der Inspiration.

31. Dezember: Jahreswende

Silvester ist die letzte Raunacht im alten Jahr und durchdringt deine Sinne in jedem Moment mit einem besonders starken Zauber von Freiheit, Hoffnung und Lebenskraft. Der Abend des 31. Dezembers ist traditionell die beste Zeit, um dem Orakel eine Frage für das kommende Jahr zu stellen. Schmelze dazu Blei oder Zinn im Löffel über einer Kerze und kippe es in eine Schüssel mit kaltem Wasser. Die Figur, die daraufhin erstarrt, gibt dir Auskunft über dein Schicksal in den nächsten zwölf Monaten.

NACHWORT

Die Magie und Mystik in deinem Alltag lebendig werden zu lassen, bedeutet, deine Wurzeln zu entdecken und die Urkraft und Seele der Natur zu spüren. Gleichzeitig heißt es, den Rätseln deiner Welt und deines Lebens neue Einsichten zu entlocken und daraus Ausblicke zu gewinnen. Du tauchst ein in das Wunder des Lebens, erkennst das lebendige Gedächtnis des Universums, das jede Handlung, jeden Gedanken und jedes Gefühl speichert. Darin ist alles Wissen, alle Erfahrungen, alles Vergangene, Gegenwärtige und Zukünftige aufbewahrt, abrufbereit, und steht jederzeit zur Verfügung.

Bräuche und Rituale lehren dich, fest im Leben zu stehen, innig und feinfühlig in einer beseelten Welt zu leben. Von den weisen Göttern erfährst du Unterstützung auf deiner Reise durchs Leben. Sie trainieren dich, für deine Ziele einzutreten, für Wissen und Weisheit einen gewissen Einsatz zu leisten, dein Schicksal zu beeinflussen, Verantwortung zu übernehmen und deine Freiheit immer wieder zu verteidigen. Ähnlich helfen dir Bäume, Kräuter und Blumen, dich selbst in der Natur zu erkennen. Mit ihren Pflanzenteilen lernst du die Wohlgerüche der Schöpfung kennen, die als Räucherstoffe deinen Geist und deine Seele nähren. Zudem tragen sie dich zu einem höheren Bewusstsein und bringen dir bei, die verborgenen Dinge deines Daseins zu sehen.

Die ungezähmte Kraft und Magie von Naturwesen, Krafttieren und Zauberwerkzeug sprechen zu deinem Innersten und verbinden dich mit der Tiefe der Welt. Sie begleiten dich auf deiner magisch-mystischen Reise durch die Jahreszeiten, damit du zu dir selbst findest, Inspirationen und Visionen gewinnst, um alle Erfahrungen zu verstehen und zu bewältigen. So gelingt dir ein atemberaubendes Leben voller Harmonie und Zauber.

DANK

Ganz herzlichen Dank an alle, die mir bei der Verwirklichung meines Buchprojekts behilflich waren. Insbesondere danke ich Elena Grunwald vom mvg Verlag, die mich dazu motivierte, ein Buch über Magie, Rituale und Bräuche im Jahreskreis zu veröffentlichen und mich mit Geduld und organisatorischem Geschick begleitete. Ebenso danke ich meiner Lektorin Simone Fischer für wertvolle Korrekturen, Ideen und Tipps sowie allen anderen, die an der Verwirklichung dieses Projekts beteiligt waren. Nicht unerwähnt lassen möchte ich alle feinstofflichen Energien, welche mir hilfreich zur Seite standen und wertvolle Impulse und Inspirationen zukommen ließen.

Und zu guter Letzt möchte ich auch dir danken – dass du dieses Buch in deinen Händen hältst, es liest und in die Welt der Mystik und Magie eintauchst, dich inspirieren lässt und dadurch die Welt mit anderen Augen siehst.

ÜBER DIE AUTORIN

Als passionierte Wildpflanzenkennerin leitet Caroline Deiß in ihrer Wahlheimat am Starnberger See zahlreiche Führungen, Kochkurse, Seminare und Vortragsreihen über die Magie der Wildkräuter, die Kraft des Räucherns und das Geheimnis der Raunächte. Privat beschäftigt sich die Autorin auch mit der Entdeckung von mystischen Kraftorten und Wanderungen in den bayerischen Bergen.

LITERATUR

Arendt, Hannah: *Die Freiheit, frei zu sein*, dtv Verlagsgesellschaft, München, 12. Auflage 2020

Betz, Robert: *Willkommen im Reich der Fülle: Wie du Erfolg, Wohlstand und Lebensglück erschaffst*, Heyne Verlag, München 2015

Czechorowski, Claudine und Henri: *Spirituelle Einweihungen*, Windpferd Verlagsgesellschaft, Aitrang 1991

Deiß, Caroline: *Das Geheimnis deines Schicksals. Wie du den Plan deines Lebens verstehst und deine Zukunft selbst bestimmst*, mvg Verlag, München, 1. Auflage 2021

Deiß, Caroline: *Geheimnisvolle Rauhnächte. Rituale, Rezepte, Räucheranleitungen,* 2021–2023, mvg Verlag, München 2021

Deiß, Caroline: *Krafttiere, Begleiter, Helfer und Beschützer*, 55 Orakelkarten mit Anleitung, mvg Verlag, München, 2022

Deiß, Caroline: *Die Magie der Wildkräuter. Eine Kräuterwanderung durch das ganze Jahr. Erkennen, sammeln, zubereiten*, Christian Verlag, München, 2018

Derungs, Kurt und Früh, Sigrid: *Der Kult der drei heiligen Frauen. Mythen, Märchen und Orte der Heilkraft*, edition amalia, Grenchen bei Solothurn 2014

Eilenstein, Harry: *Magische Werkzeuge und Gegenstände.* Die Götter der Germanen – Band 67, Verlag: Books on Demand, Norderstedt 2008

Estés, Clarissa Pinkola: *Die Wolfsfrau. Die Kraft der weiblichen Urinstinkte*, Wilhelm Heyne Verlag, München 1993

Fetzner Dr., Angela: *Krafttiere & Schamanismus. Die verlorene Seele wiederfinden*, Amazon, München 2020

Fischer-Rizzi, Susanne: *Das Buch vom Räuchern*, AT Verlag, Aarau, 2. Auflage 2008

Golowin, Sergius: *Paracelsus. Mediziner – Heiler – Philosoph,* Schirner Verlag, Darmstadt 2007

Grün, Anselm: *Staunen. Die Wunder im Alltag erkennen*, Herder Verlag, Freiburg im Breisgau 2018

Grün, Anselm: *Spiritualität. Damit mein Leben gelingt*, Vier-Türme-Verlag, Münsterschwarzach 2007

Hagenender, Fred: *Der Geist der Bäume. Eine ganzheitliche Sicht ihres unerkannten Wesens*, Neue Erde Verlag, Saarbrücken, 4. Auflage 2008

Haich, Elisabeth: *Einweihung*, Aquamarin Verlag Grafing, 2. Auflage 2007

Heitel, Mohani: *Die heilenden klänge der Mantras*, Südwest Verlag, München 2007

Holitzka Marlies, Holitzka Klaus: *Der kosmische Wissensspeicher*, Schirner Verlag, Darmstadt 2002

Jakoby, Bernhard: *Das Leben danach. Was mit uns geschieht, wenn wir sterben*, Rowohlt Taschenbuch Verlag, Reinbek bei Hamburg, 4. Auflage 2006

Jong de, Theresia Marie: *Seeleplätze. Kraft schöpfen an heilenden Orten*, Allegria Verlag, Berlin 2009

Kaiser, Martina: *Der Jahreskreis. Den Rhythmus der Natur als unsere Kraftquelle nutzen*, Aurum Verlag, 4. Auflage 2010

Klemp, Harold: *Vergangene Leben, Träume und Seelenreisen*, Eckankar Minneapolis, USA 2003

Krause, Arnulf: *Die Götter und Mythen der Germanen*, Marix Verlag, Wiesbaden, 3. Auflage 2020

Kuby, Clemens: *Heilung das Wunder in uns. Selbstheilungsprozesse entdecken*, Kösel Verlag, München, 6. Auflage 2007

Meyer, Frank: *Das Geheimnis der Metalle. Vom Mythos zur praktischen Anwendung in der anthtroposophischen Medizin*, Info3 Verlag, 2. Auflage 2016

Michaels, Mike: *Illusion, Spielzeug der Wahrheit, Berlin*, 2. Auflage 2014

Michel, Peter: *Heilkraft der Feen und Elfen*, Tosa Verlag, Wien 2006

Nettesheim, Agrippa von: *Die Magischen Werke,* Marix Verlag, München, Wien, 4. Auflage 1921

Orban, Peter: *Saturn und die Macht des Schicksals*, Hugendubel Verlag, München 2000

Pregenzer, Brigitte: *Hildegard von Bingen. Einfach fasten*, Tyrolia-Verlag, Innsbruck 2018

Rätsch, Christian: *Die Steine der Schamanen, Kristalle, Fossilien und die Landschaften des Bewusstseins*, Eugen Diederichs Verlag, München 1997

Rätsch, Christian: *Der heilige Hain. Germanische Zauberpflanzen, heilige Bäume und schamanische Rituale*, AT-Verlag, Aarau und München, 4. Auflage 2009

Rätsch, Christian: *Der Atem des Drachen, 72 Pflanzenporträts, Ethnobotanik, Rituale und praktische Anwendungen*, AT Verlag, Aarau, 4. Auflage 2006

Rippe, Olaf: *Heilende Metalle, Rezepte und Therapie im Geist des Paracelsus*, AT Verlag, Aarau und München 2021

Ronneberg, Ami: *Das Buch der Symbole. Betrachtungen zu archetypischen Bildern*, Taschen GmbH, Köln 2011

Ruland, Jeanne: *Zauber der Naturreiche, Naturwesen – wie sie uns behüten und beschützen*, Schirner Verlag, Darmstadt 2015

Ruland, Jeanne: *Rituelle und Magische Gegenstände. Beschreibungen und Lexikon von A–Z*, Schirner Verlag, Darmstadt 2003

Storl, Wolf-Dieter: *Die Pflanzen der Kelten. Heilkunde, Pflanzenzauber, Baumkalender*, AT Verlag, München 2010

Storl, Wolf-Dieter: *Naturrituale. Mit schamanischen Ritualen zu den eigenen Wurzeln finden*, AT Verlag Baden und München, 4. Auflage 2008

Storl, Wolf-Dieter: *Erkenne dich selbst in der Natur*, Knaur Verlag, München 2021

Tepperwein, Kurt: *Schicksal & Bestimmung*, Verlag »Die Silberschnur«, Güllesheim 2008

Tolle, Eckhart: *Stille Spricht. Wahres Sein berühren*, Arkana Verlag München, 7. Auflage 2003

Tolle, Eckhart: *Jetzt! Die Kraft der Gegenwart. Ein Leitfaden zum spirituellen Erwachen*, J. Kamphausen Verlag, Bielefeld, 19. Auflage 2008

Warnke, Ulrich: *Die Öffnung des 3. Auges, Quantenphilosophie unseres Jenseits-Moduls*, Goldmann Verlag, München, 3. Auflage 2019

Weinhold, Karl: *Geschichte der Jahreszeiten & Monatsnamen*, Bohmeier Verlag Leipzig, 2011

Zerling, Clemens: *Lexikon der Tiersymbolik, Mythologie, Religion, Psychologie*, Drachen Verlag, Klein Jasedow 2012

Bildnachweis

S. 10 Shutterstock.com/ Elena Schweitzer
S. 18 Shutterstock.com/ Blanka Berankova
S. 20 Shutterstock.com/ Ko Zatu
S. 23 Caroline Deiß
S. 31 Shutterstock.com/ KrzysioM
S. 34 Shutterstock.com/ Nikolay Zaborskikh
S. 40 Shutterstock.com/ almgren
S. 46 Shutterstock.com/ KatePh
S. 48 Shutterstock.com/ NatalyaBond
S. 49 Shutterstock.com/ Piotr Grzempowski
S. 54 Shutterstock.com/ Peyker
S. 60 Shutterstock.com/ encierro
S. 63 Shutterstock.com/ BotaEva
S. 70 Shutterstock.com/ Art_Pictures
S. 77 Shutterstock.com/ LedyX
S. 78 Shutterstock.com/ saraporn
S. 80 Shutterstock.com/ Frank11
S. 85 Shutterstock.com/ JurateBuiviene
S. 88 Shutterstock.com/ Ulrike Brusch
S. 91 Shutterstock.com/ bildfokus.se
S. 92 Shutterstock.com/ FoxglovesAndStockings
S. 98 Shutterstock.com/ Images01
S. 101 Shutterstock.com/ Chamille White
S. 102 Shutterstock.com/ bqmeng
S. 108 Shutterstock.com/ Dogora Sun
S. 113 Shutterstock.com/ A_Lein
S. 115 Shutterstock.com
S. 121 Shutterstock.com/ teatian
S. 125 Shutterstock.com/ Ondrej Prosicky
S. 130 Shutterstock.com/ Cristina Conti
S. 132 Shutterstock.com/ SHARKY PHOTOGRAPHY
S. 134 Shutterstock.com/ MAXSHOT.PL
S. 141 Shutterstock.com/ Madeleine Steinbach
S. 143 Shutterstock.com/ ANGHI
S. 146 Shutterstock.com/ Yuri Megel
S. 148 Shutterstock.com/ Svetliy
S. 153 Shutterstock.com/ L. Feddes
S. 154 Shutterstock.com/ gillmar
S. 159 Shutterstock.com/ shimonfoto
S. 160 Shutterstock.com/ LanaSweet
S. 162 Shutterstock.com/ nnattalli
S. 163 Shutterstock.com/ Dark Moon Pictures
S. 167 Shutterstock.com/ Dietmar Rauscher
S. 169 Shutterstock.com/ Raggedstone
S. 171 Shutterstock.com/ CoralAntlerCreative
S. 178 Shutterstock.com/ vaivirga
S. 179 Shutterstock.com/ Iva Vagnerova
S. 183 Shutterstock.com/ Mike Mareen
S. 184 Shutterstock.com/ Sergey Nesterchuk
S. 186 Shutterstock.com/ ju_see
S. 188 Shutterstock.com/ Przemek Klos
S. 190 Shutterstock.com/ Brent Hofacker
S. 192 Shutterstock.com/ Thomas Wittwer
S. 198 Shutterstock.com/ Oksana_Schmidt
S. 200 Shutterstock.com/ katyapulka
S. 204 Shutterstock.com/ Pam Walker
S. 207 Shutterstock.com/ n.k.junky
S. 210 Shutterstock.com/ Yevhenii Chulovskyi
S. 216 Shutterstock.com/ McGraw
S. 218 Shutterstock.com/ Creative Travel Projects
S. 219 Shutterstock.com/ Ideas_everything
S. 222 Shutterstock.com/ yanikap
S. 224 Shutterstock.com/ JurateBuiviene
S. 232 privat

57 Seiten
Kartendeck
ISBN 978-3-7474-0322-8

Caroline Deiß

Das Geheimnis deines Schicksals – 55 Inspirationskarten mit Anleitung

Zur Orientierung, Manifestation und Selbstverwirklichung

Was ist unser Schicksal? Können wir es beeinflussen? Das Schicksal ist ein Wegweiser des Lebens, der uns von Geburt an begleitet. Die Regeln und Gesetze des Schicksals lassen sich nicht brechen, wer sie jedoch kennt und Zeichen zu deuten weiß, kann sein Leben positiv beeinflussen. Dieses Kartenset enthält 55 Impulse, Leitsprüche, Übungen und Rituale, die dabei helfen, Urvertrauen zu entwickeln, zu sich selbst zu finden, die eigenen Kräfte zu stärken und die gewünschten Ziele zu erreichen

mvgverlag

57 Seiten
Kartendeck
ISBN 978-3-7474-0424-9

Caroline Deiß

Krafttiere – Begleiter, Helfer und Beschützer

55 Orakelkarten mit Anleitung

Sie sind weise Lebensberater in allen Situationen, sie unterstützen, helfen und beschützen. Krafttiere gelten als Bewahrer und Überbringer wertvoller Botschaften und alten Heilwissens. Sie erscheinen in bestimmten Situationen oder begleiten uns ein Leben lang.

In diesem Kartendeck beschreibt Caroline Deiß 55 Krafttiere und ihre besonderen Eigenschaften. Praktische Tipps, Anleitungen und naturverbundene Rituale helfen dabei, die Stärken und Kräfte der Tiere auf die eigene Lebenswelt zu übertragen.

Mit Tieren zu kommunizieren ist eine uralte Gabe der Menschheit. Sie führt uns auf den richtigen Weg – zu uns selbst und zu einem glücklichen Leben.